如何布置
你的家居

[西班牙] 洛李·库勒托/著
高可意　王雪欢/译

湖南美术出版社

图书在版编目（CIP）数据

如何布置你的家居/(西)库勒托著；高可意,王雪欢译.— 长沙：湖南美术出版社，2011.8
 ISBN 978-7-5356-4534-0

Ⅰ.①如… Ⅱ.①库… ②高… ③王… Ⅲ.①住宅—室内装修—基本知识 Ⅳ.①TU767

中国版本图书馆CIP数据核字(2011)第110664号
18-2011-158

FENG SHUI.LA SALUD Y EL BIENESTAR DE TU CASA
© 2006　　Loli Curto
© 2006　　EDITORIAL OCÉANO S.L.
　　　　　Barcelona(Spain)

如何布置你的家居

出 版 人：李小山
策　　划：金版文化
著　 者：（西班牙）洛李·库勒托
译　 者：高可意　王雪欢
责任编辑：李　松
封面设计：景雪峰
出版发行：湖南美术出版社
　　　　　（长沙市东二环一段622号）
经　 销：湖南省新华书店
印　 刷：深圳市佳信达印务有限公司
　　　　（深圳市宝安区观澜观光路128号库坑路口广澜工业园）
开　 本：889×1270　1/24
印　 张：10.5
版　 次：2011年8月第1版　2011年8月第1次印刷
书　 号：ISBN 978-7-5356-4534-0
定　 价：49.80元

【版权所有，请勿翻印、转载】

邮购联系：0755-83476130　邮编：518000
网　 址：http://www.ch-jinban.com/
电子邮箱：szjinban@163.com
如有倒装、破损、少页等印装质量问题，请与印刷厂联系调换。
联系电话：0755-81702556

感谢

  我想感谢所有在家居和健康方面给予我信任的朋友，感谢他们容许我在其所处的环境中进行学习和实践，特别是开展研究。同样，我也要感谢在生活中长期接待我的那三十个家庭。它们中间有些对我来讲如同天堂一般，而有些却是着实不愿回首的地狱。但无论如何，能够让我体会存在于其中的差异，对推断进行检验，这才是最充满乐趣的事情。同时，我还想向所有支持我的家人和朋友表示感谢，他们和我分享着生活，并为我的风水学成果做出了巨大的贡献。感谢所有我所提到的人们，感谢他们给予我的耐心和理解！

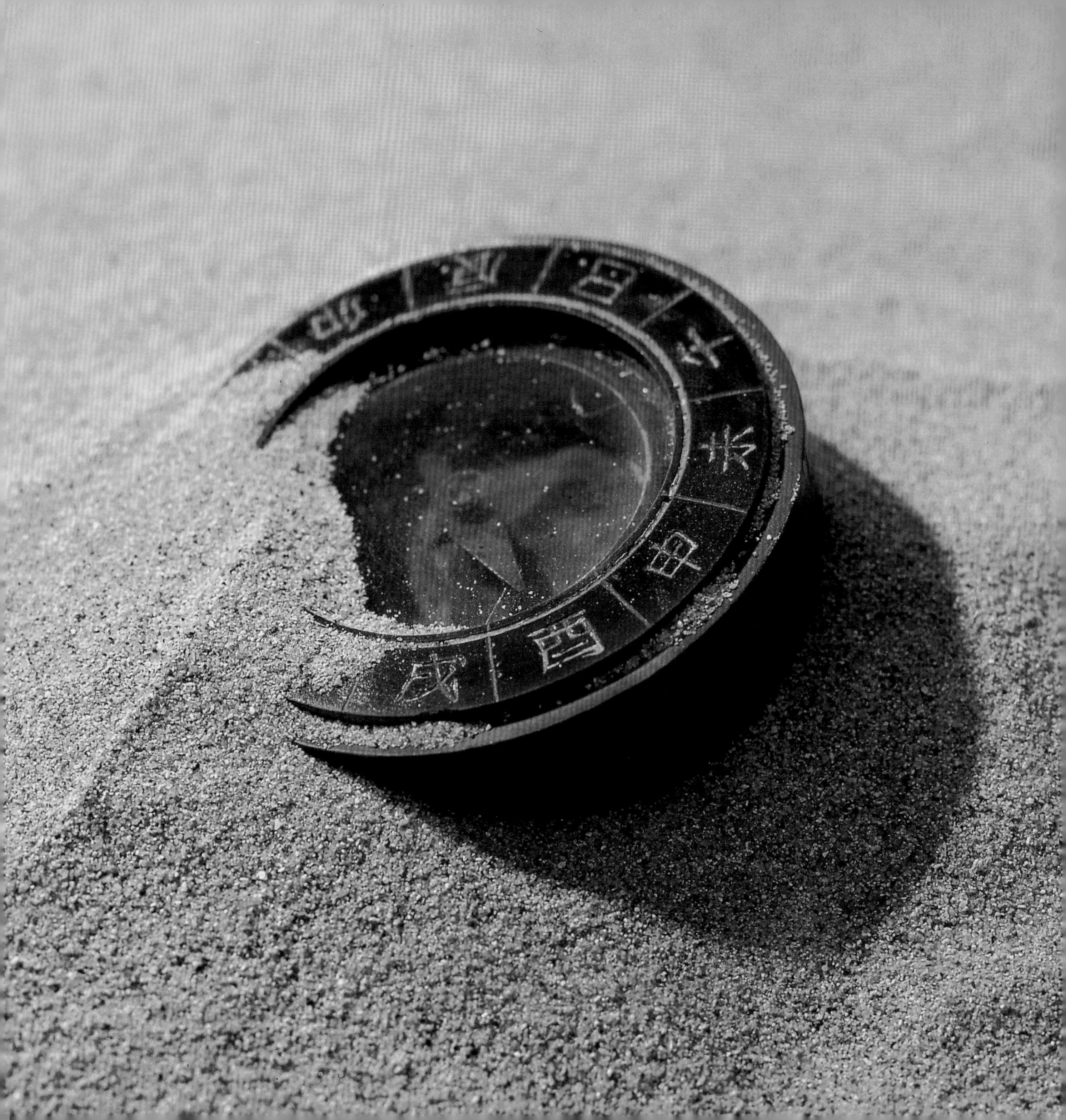
午
未
申
酉
戌

目录

引言 ·················· **008**

风水学概论
风水学简介 ·················· 011
风水学流派 ·················· 014

风水学基础知识
能量 ·················· 021
气 ·················· 022
封闭的气 ·················· 024
气之消长 ·················· 025
个人之气 ·················· 026
气的流动、障及流动方位 ·················· 027
阴阳 ·················· 028
时间、平衡、吸引力、变化 ·················· 030

圣地 ·················· 034
灵地 ·················· 035
象征主义 ·················· 038
圣兽 ·················· 040
五行 ·················· 042
中国生肖 ·················· 046
八卦的代表意义 ·················· 048
宇宙家系 ·················· 054
阴宅风水 ·················· 055

环境中的能量
环境 ·················· 063
空 ·················· 068
锐气 ·················· 069
不死之境的能量特点 ·················· 071
自然环境中的能量 ·················· 076

乡村环境中的能量 ……………… 079

原始住宅中的能量 ……………… 080

野寺中的能量 …………………… 081

水中所蕴含的能量 ……………… 083

花园中的能量 …………………… 087

方位之探讨

八方 ……………………………… 091

四圣兽所代表的方位 …………… 093

外国文化中有关方位的知识 …… 094

对于方位的理解 ………………… 096

住宅的能量

人与住宅的关系 ………………… 099

房子是有灵魂的 ………………… 103

数字和元素 ……………………… 115

数字的含义 ……………………… 117

住宅的能量 ……………………… 120

你的个人数字 …………………… 129

更换住宅的相关事项 …………… 130

家居设计

设计理念 ………………………… 135

色彩 ……………………………… 138

装饰元素中形状和形象的应用 … 146

材料 ……………………………… 148

采光 ……………………………… 150

家用电器设备 …………………… 152

家庭内部的植物和花朵 ………… 156

花园的设计 ……………………… 160

水池的设计 ……………………… 162

花园中的鱼池的设计 …………… 162	问题元素及其解决之道 …………… 208
植物的相关介绍 …………… 164	客厅 …………… 210
床 …………… 170	餐厅 …………… 214
床垫 …………… 174	卧室 …………… 218
家具 …………… 176	儿童房 …………… 224
门 …………… 182	厨房 …………… 232
窗户 …………… 188	卫生间 …………… 238
楼梯 …………… 192	家庭办公室 …………… 244
镜子 …………… 194	改装型住宅 …………… 248
石头 …………… 198	

总结 …………… **252**

房间的布局

布局 …………… 203

房间与阴阳 …………… 205

引言

尽管从来不知是何种力量在召唤我，可我还是从很小的时候就感受到了依据"念"而重置空间的必要。1986年，我在瑞士求学时，莱德温卡老师鼓励我揭开这门古老科学——风水——的面纱。从那时起，我意识到，所有的空间都应该得到改善。

风水，即堪舆风水地理。这门古老的科学起初被用于为逝去的祖辈选择墓址，然而，现在人们常用其选择住宅。择地而居，以期获得生活和事业的完满、兴盛。

风水的作用很快在我身上得到了体现。住在瑞士昆塔尔家中的时候，即使我使用了我所学的关于风水的所有知识，还是不能如我所愿地舒适地生活。

于是我向瑞克老师请教。尽管并不旨在根除这些孽障，他还是仔细地询问了我的情况，并就如何解决目前的困境给了我一些建议。他认为，像这种"不干净"的住宅，还是应该尽早卖掉。

从那时起，我开始学习新的理论，而这种理论有悖于我从前的认知。瑞克告诉我：住宅的精气与住宅的选址和人的状态有关，比如一个人患了病，他住宅的精气就会受到影响。

1994年，我认识了威廉。在伦敦求教于他时，他告诉我：基于对自然和自然规律的深刻理解，他认为风水的力量是没有界限的，这些力量可以施用于任何物体。谢谢威廉，使我对这种自然力的领会得到增强，并且最终由感知进步为实践。

作为自然理疗家，我接触了各种各样的病人，其中一些人至今还没有任何药物可医。我逐一走访，尝试从住宅风水的角度揭示疾病的原因并治愈那些患者。五年后，我已经在这一领域积累了相当的经验。

其实很多情况下，那些住宅只是问题的症结之一。因为生理疾病也与心理疾病、情绪等心理因素相关，特别是家人、已逝先辈的影响。

　　我发现有些家畜，包括一些小孩，会盯着家中的某一角落，一动不动。这并不是因为它们想这样做而已，如果它们可以说出话来，将会给我们完美地描绘一幅属于过去的永恒的画面。而这画面，或许是关于某些曾经生活在这座住宅里的逝者。

　　多年的经验告诉我，对风水的学习不能局限于书本，经验才是最重要的。逐渐地，你会获得这样一种感觉：你能够看到周围萦绕着你的一切，正如我向你介绍的那样。我们对时间和空间的领悟，对笼罩着我们的精气的理解，和对某种贯穿于我们自身、存在于我们身体中的精气的感受，需要一个长期的逐渐完善的过程。

　　风水的目标是为我们提供获得健康和幸福的工具，换言之，调动所有能够获得的资源使我们受益。这本书并没有试图将你变成一位风水学专家，而是为你展现这个系统的基本内涵，给你一些实用的建议，从而让你避免一些生活中的常见错误，找到这些问题的解决方法。

风水学概论

风水学简介

　　风水学诞生于几千年前的古中国，而今，这门古老的科学已被传播到西方社会。

　　风水学深入地阐释了空间中决定我们自身状态的法则。不仅仅局限于我们自身，这门科学也同样是一种我们认识自然结构的方式。因为，自然是建立在各元素能量均衡和阴阳二元性的基础之上的，它的这些性质决定了空间、时间和宇宙万物。

　　因而，风水学的始点就是我们所接触到的所有的内部和外部环境。无论是壮丽的景观，还是家中的家具摆设，乃至于一件小小的物品，都在增强着我们内心对它们的渴求或者排斥。

　　为了能够应用风水学的理论，我们需要深刻地认识统治一切的两种力量：阴和阳。无论事物是以何种形式存在于世，相同的是，它们都被阴、阳这两种力量赋予了生命，无论我们知或不知，无论其存在于何种时空。正是因为这个原因，万物都

柔风在未可知的沉默中运动。
——威廉·布雷克

必须遵循自然规律，承受着它最直接的影响。无论是主观的内涵，还是客观的外界，皆是如此。

中国文明早已经形成了一整套方法，这些方法已渐成体系、日臻科学。由于这种科学，我们可以觉察和诊断存在于周遭任何地方的能量，即古中国文明中的风水之"气"。

这个复杂的学科涉及到很多知识，其中最基本的就是五行的所属、五行能量变化、八方、九宫、四季，以及万物唯一的基准原则——阴阳。

风水学捍卫这样一种信仰：万物皆源于"道"。对一部分人来说，道即为虚空、空无，而对另一部分人来讲，道却是完全、全部。尽管称谓有所区别，但事实是，在

風水

● **小贴士　风水**

风水的中文书面形式由两个书法表义字构成，我们可以从这个简单的形式上了解到，"风"和"水"是构成所有地域环境的两个基本要素。水是生命之源，而生物同样离不得空气，因而风也是生命之源。

风水学概论

某种情况下,"无量"的概念和莎士比亚著名的"生存或死亡"有着相同或相似的哲学思想。在风水的本质中,存在"缺失"这种现象,并且,恰恰是由"虚空"产生了"能量"(即"气"),从而又产生了"物质"。"空"才是"气"的创造者。在东方,"空"又可以转化为"完满"和"全部"。正如佛家学说所阐释的:空即是色,色即是空。

"气"是万物生灵的内在根本,"物质"是万物的外在形式。

身体可以被认为是宏观的微观缩影,也就是说,所有的微小事物都可以作为宏大事物的表象。

● 最初的知识是最基础、最有影响的知识。

风水学流派

通常，在市面上我们能够见到的风水学著作中，不同的流派、不同的系统间会存在一些分歧。事实上，这门学科十分艰深，所有的流派和学说都仅仅是其中的一部分。尽管现在有些不同的新学派或新流派被人们熟知，但在现实中却没能够得以实践。因为西方社会并不允许像东方那样，在建造的时候进行风水择宅、测算这些事务。

最具影响力、最具实用性，同时也被风水师们所推崇的学派为：形势派和理气派。

形势派

形势派偏重地理形势，主要以龙、穴、砂、水、向来论吉凶。形势派虽然分峦头派、形象派、形法派这三个小流派，但实际上这三个小流派是互相关联的，并没有完全分离。

峦头派：峦头表示自然界的山川形势，峦头派主要研究山川形势。自然地理的峦头包括龙、砂、山。龙是指由远处伸展而来的山脉，砂是指穴场四周三百六十度范围之内的山丘，山则是指穴场外远处的山峰。

形象派：形象实际上是风水中一门高深的学问，形象派是把山的形势生动地看作某一种动物或其他物体的学派，例如将某座山看作一只狮子。以形象命名的事物很多，如美女照镜、七星伴月。

形法派：形法指的是在形象派的基础上展开的峦头中的一些法则，形法派主要论述形象与穴场配合的法则。例如有一条道路与穴场对冲，在形法派中称为"一箭穿心"。

总之，看形象的，离不开山体（峦头）；看山体的，也脱离不了形象和形法。由于山势影响大，很多风水师都重视山势形象与峦头。

理气派

由于理气派将阴阳五行、八卦、河图、洛书、星象、神煞、纳音、奇门、六壬等几乎所有五术的理论观点都纳入其立论原理，因而其十分复杂。正因为理气派过于繁杂，从而分出许多小的流派，也正是因为这一点，学习风水学的人要特别注意选择流派。

八宅派：八宅派的观点综合起来只有两

风水学概论

点：一是将坐山配游星论吉凶，即根据住宅的八卦山起伏位，分别将八大游星配在先天八卦方位，配吉则吉，配凶则凶。二是根据住宅八卦坐山，将住宅分为东四宅与西四宅，然后与人命结合来论吉凶，即东四命配东四宅，西四命配西四宅。需要注意的是，八宅派的风水理论过于简单、粗略，特别是东西命配东四宅、西四命配西四宅的观点更是粗陋不堪，难以准确。但在放门路或布局室内时，以游星论吉凶有参考价值。

命理派：以宅主命局中的五行喜忌配合二十四山方位的五行及玄空飞星进行风水布局、配合装饰颜色等，对各类阳宅的室内装潢以及风水调整具有很大的指导作用。

二十四山头派：以山水为主，将二十四山与坐宅配合论生克关系，配水则以十二长生位来论吉凶。十二长生就是命理学中的长生、沐浴、冠带、临官、帝旺、衰、病、死、墓、绝、胎、养。一般都以向上配水和水的来去论吉凶，主要用于阴宅。

翻卦派：以八卦翻出的九星卦为主，再配合山水来论吉凶。

玄空飞星派：将山向配合元运挨排山向、元盘九星，通过看水山配合室内布局来论旺衰吉凶。所谓玄空九星指的是：一白在坎为贪狼，二黑在坤为巨门，三碧在震为禄存，四绿在巽为文曲，五黄中央为廉贞，六白在乾为武曲，七赤在兑为破军，八白在艮为左辅，九紫在离为右弼。

星宿派：根据坐向论生克，主要是用来寻二十四峦头的理气吉凶。

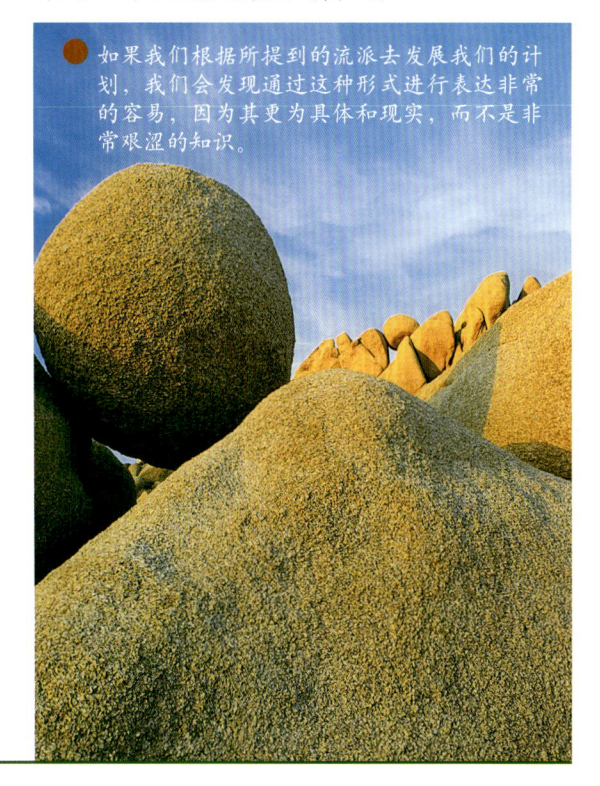

> 如果我们根据所提到的流派去发展我们的计划，我们会发现通过这种形式进行表达非常的容易，因为其更为具体和现实，而不是非常艰涩的知识。

- **小贴士　风水学习建议**

前面所提到的九大风水学流派说全部都是基于阴阳、五行、八卦这些基本理论的，其中的区别存在于理论的应用过程中。当然，风水图也扮演了很重要的角色。此书是一部新风水学说的概论，但我们是立足于民间现象事实和学派理论的深入调查研究的基础之上的。

目前我们已经能够证明：空间通过不同的形式对每一个人产生影响。尽管有一些理解准则和理解方法的限制，但对于三维空间，乃至多维空间的理解，是和每个人息息相关的。但这并不意味着世界对于所有人都是等同的，一处"宅院"或许就是一个世界。

在经典风水学中，人们非常注重方位这个因素，因为不同的方位会给人带来实现自身价值、期许、计划和理想的可能。也就是说，每一种工作或事务都有属于它自身的、最适宜的方位，其在古语中被称为帝位、王位、王子位、臣公位、师位等等。不同的宅院因地致宜、因事致宜地坐落于不同位置，从而满足种种需求。

这样尽可能地拓展我们的"我"的概念，而我们也能懂得哪些是禁忌的，以及如何实现我们的愿望。但是仅仅在一本书里，我们不可能找到所有关于宇宙或者关于人的神秘现象的关键。如果我们想要学习研究它们，就必须做出一定的投入。比如在任何一件事情上，长期学习、实践我们的理论，直到把自己锻炼成为风水学专家。

风水学概论

● 每一种文化都会发展出属于其自身的方法和系统,以适应周围的环境。

● **小贴士　人们对风水学的看法**

目前有这样一种趋势：人们普遍认为风水是一种实现某种期许的捷径。他们习惯上认为仅仅应用一些风水学的规则、解释、物品、照片或者图片，就可以解决他们的实际问题，比如变得富有、找到理想的恋人，或者变得幸福。这是由以下几个原因造成的：

● 我们需要生活中发生某种魔法般的变化，长期以来我们被灌输了神可以改变我们生活的谎言。

● 这是一门极为古老的科学，在近二十年中几乎没有人可以真正意义上的领会，但是慢慢地越来越多的人参与进来，共享越来越多的信息，风水学的队伍也越来越壮大，各种风水学理论、时尚、商务如雨后春笋般出现。

● 即使是那些能力较为突出的风水师，开始时孤立无援，缺乏信息，不能保证一丝不苟地实践。

● 资料匮乏。这是一个出版风水学著作的好时机，因为直到不久前还一直不存在相关的专业书籍。那些仅有的占据了一小部分市场的书籍，很大程度上得益于竞争的缺乏。

● 风水物品。一些源自于各个国家的风水物品开始流行，比如来自位于北欧的阳光并不充裕的施华洛世奇的玻璃球，常常用来放在窗口作装饰物，这样它就能够吸收光线并将光线折射，在房间里形成星光灿烂的效果。人们大量地买入，相信它们能够解决一些自己生活里的"障"物，把它们挂在宅中任何一个不容易被阳光照到的地方。在房中没有阳光的地方挂一个这样的玻璃球，会是怎样的一种感觉呢？

我确信，劝人买这样的物品作为风水物品的人是位"风水学专家"，而那些收集这些信息从而编纂成书的人，就可谓是"大师"了。

◎**专家建议**

很多人，即使是风水学专家，在进行风水理论实践时，很多时候对效果都并不满意，因为风水这门学科并

风水学概论

非十分可控。

在美国,"美国风水研究协会"像教授科学严谨的法则一样教授风水,甚至在洛杉矶大学都开设了他们的课程。

一位风水学专家首先应该深刻理解东方哲学中的几乎全部的概念,比如九宫星相学、道家药学命理学、五行生克、阴阳、建筑学等等。

从这些学科的知识体系来看,一位风水学的专家应该谙熟弥补、组织、安排、指引、诊断和修改等等风水学处理空间的方法。当大学生涯结束后,人们得到的仅仅是一些理论知识,但是在通过实践之后,他们就会开始获得确实的经验和洞察实物的能力。

目前,住宅的设计、施工和工程控制全部由建筑师和施工人员负责。他们只是根据建筑说明进行设计和施工,而说明书又是严格遵守工程所有者的预算和蓝图。对于一个职业风水师来讲,他的工作其实和上述工程人员大同小异:设计、指导、安排、组织和经营空间。但是,从更深层次的标准来说,风水师的工作涉及到了健康、舒适、自然、情理。而这些,就和风水师的经验息息相关了。

那些风水学的专家和大师在很早就赢得了崇高的荣誉,因为早先他们只为帝王、贵族服务。他们决定在哪里、如何、何时建造城市、宫殿和庙宇,穷其一生来践行道家学派的思想准则:修行,探寻长生术,钻研丹药、炼金术和能量的流转。

将各种理论应用于实践,再通过所得的结果来补充和完善理论,使自己对所有的这一切有更加深刻的理解,只有这样才能够掌握这些科学知识,才能够运用纷繁复杂的概念,再将概念转化为成果,成功地预测,并对结果做出担保。

How to Decorate Your House 019

风水学基础知识

能量

中国人认为能量就像风一样，我们无法看见，可它却能流到每一个角落。同样，能量也像水，我们没办法看见地底没颜色、没味道、没气味的水，可是它却可以依容器之势改变形状。

中国传统医药学被视为风水学的孪生姐妹。尽管它们属于不同的范畴，却共同认为风是所有病症的原因。中国传统医药学认为只有五种致病的能量形式：冷风、热风、火气、潮气、干燥，这些因素表面上用相似的原理影响着病症。

但是风水学研究五行、四季，这只是在风水学的范畴之内的能量流转循环，而非其他。

能量的运动就好比是风,经常会发生方向和密度上的变化。

气

在日本,气的概念被定义为能量,在中国是精气,而在印度,气的含义是能量之源,同时也有生气的含义。

正统的东方风水学,一直就处于一个无法确定的两难境地中:是物质产生能量,还是能量创造物质。这就像蛋和鸡的理论,究竟是先有蛋还是先有鸡呢?

中国人在几千年前就解决了这个问题:能量和物质是相同的,都是气,即纯正的能量。利用风水学系统,我们可以将其分为可见能量和不可见能量。

● 海洋是地球上吸纳能力最强的载体。其是生命诞生的地方,同时也持续地为我们提供"生"的能量。

风水学基础知识

How to Decorate **Your House**　023

封闭的气

建筑住宅时，一部分气会被封在宅中，因此，这座建筑就依照它的形势对外界的气产生影响。从这个时候开始，这个地方的能量流转就产生了一定程度的变化。

正因为这个原因，从古代起，风水学就被用来决定和确定哪种气更适宜被请入宅内，选择在什么地方建造住宅更为恰当。这些选择将会影响住在这座宅院里的几代人的命运，因为宅院被世代相传，人们一般不会卖掉祖上留下的宅院。在古代的中国，风水学家有着崇高的地位，因为风水学家的判断可以决定这些住户的健康、家族运势。当今，一些国家仍然认为在建设住宅之前请风水先生择址是件很重要的事情，认为这样可以避免不良之气的侵蚀。

风水学基础知识

气之消长

气（或者能量）的运动是循环往复的，我们将其运动形式分为上升、下降、进入、离开。尽管运动形式不同，可从本质上来讲，气以不同形式运动的现象是永恒的。我们应该确保影响我们住宅的气能够顺畅地运动，使气能够生、养、聚、消地循环。

能量之生： 在宇宙的某处，能量以持续的形式产生。这种能量被称作"气生万物"，通常和北方联系在一起。

能量之养： 能量产生后，会增长和发展，这得益于宇宙中的一种特殊的能量。这种能量持续不断地滋养着一切，和东方联系为一体。

能量之聚： 能量经过发展阶段，就会进行贮存、淤积，进入聚集过程。这个过程具有双重意义：贮存养生之能量和能量病态淤积。前者可以将能量有效地储存起来对人体进行滋补，而后者却使能量不能自然地流转，从而产生疾病。这种能量与西方联系起来。

能量之消： 上面所提到的所有过程都结束后，能量便开始消散。消散的过程同样具有两面性：有时消逝掉残余的能量，而有时消耗的却是我们的养生之气。当我们的养生之气被消耗后，就会产生能量不足的状况，这同样也会产生疾病。这种消耗的能量，与南方相联系。

个人之气

为了了解环境里的气究竟是怎样影响我们的，我们必须了解自身体内的气是如何流转的。

在自然环境中，气以各种形态运动着，最常见的就是水的流动。其源于泉而成于流，东去为海，在那里汇聚淤积淤积，经过积累后又形成汽，变为云，化成雨，造就水的新生，重回大地，滋养泉水。此过程对大自然中的万物来讲也都是相同的。我们个人的气，是自然环境中气的一部分，流动方式与自然环境中的气相同。

气就是以这种方式养育着所有的生物，哺育着我们身体中的哪怕最微小的结构。其一点点蓄积起来，以使我们的身体正常地运转，且消散淤积，以确保我们身体的洁净和健康。

所有的人都和其所处的环境相联系，不是通过其手，而是通过一种无限长的从身体中心发出的一种类似纤维的东西。这种连线将人和包围他的环境紧密联系起来，并保持平衡，以使人感到稳定。

——卡洛斯·卡斯达耐达

风水学基础知识

气的流动、障及流动方位

应该让精华之气流动，以便于我们找到我们生活中最为适宜的区域。

流动

正如我们前面所讲的那样，能量（气）跟随着宇宙中事物的主体流转。借助博大精深的风水学知识，我们可以用一种更为确切的方法来认识该事物的本体，并以此来改变我们的住宅。第一个步骤，就是对我们被能量影响的住宅进行一个准确的诊断。要想使所有步骤都顺利完成，最重要的，也是我们最先要关注的因素，就是住宅的正门，因为正门的八方和中心决定了住宅能量的种类。

障

气的"障"是多种多样的。住宅外部的障极其之广，甚至可以单独列出，编成一本相关的图书。而在宅内，我们将视空间的布置情况来拟定这个列表。不合理的墙壁隔断、楼梯，或者多余的家具、赘余的布置摆设，都可以成为"障"的因素。

新的方位

"新的方位"包括能够产生能量的各种不同的运动。新方位中的每一个方位都代表着一种特殊的能量运动。比如，能量的产生。风水学中说，能量的产生来自于北方。同样，我们的文化中也认为如此。所以我们用"不要找不到北"，或者"北向而睡"来表达这个通常的含义。

How to Decorate **Your House** 027

阴阳

阴阳是两种能量。阳，符合刚烈、主动的特点，阴，符合柔美、被动的特点。

山南为阳。也就是说，阳和热、收缩之力、奋进相联系。

阴，表示山的背阴面。那里很少接触阳光，相对较冷、潮湿、阴暗，与收缩之力相联系。

在住宅中，健康、关系、创造力、成功、精神、工作等一切都与阴阳有着密切的关系，我们要做的是正确地运用其来满足我们自身的需求。

出生时就有强大的吸引力，不如随着最好的星宿出生。而随着最好的星宿出生不如有一颗善良的心，而有一颗善良的心不如占据积极的气。

风水学基础知识

时间、平衡、吸引力、变化

在阴阳的控制下，季节、年、月、日和时辰等都是自然的循环方式。同时，时间的变化也反映了阴阳。

年

能量变化是一种循环，由阴至阳，由阳至阴。这些时期组成了一个整体的时间单位，就是年。能量由寒冷到适宜，再由燥热到潮湿，在这样的循环中我们应调整自身，以适应外部环境的变化。比如，我们在寒冷的周期，即冬天，就不应该吃性寒的食物。恰恰相反，应该在这样的季节摄入能让我们感到暖和的性温的食物，并且一直坚持这样的做法。

月相

从阴至阳，此过程中月亮要经历四个阶段，即四个月相。此循环促成了能量的变化：生气、养气、发展、持续、成熟和消逝。

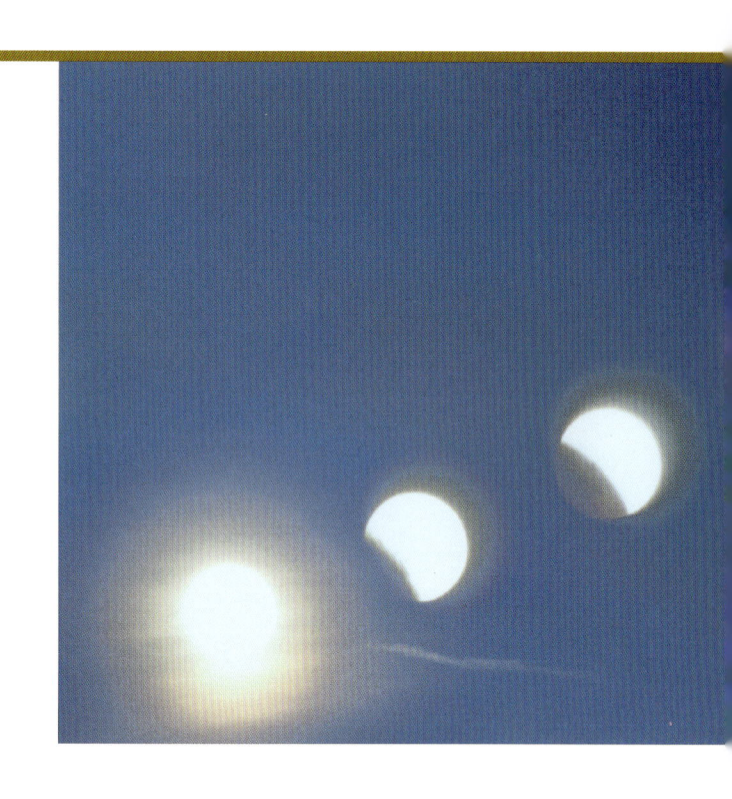

日

日，阴阳较小的循环表现，其变化速度很快，每一个时辰（两个小时）就会有相应的变化，往返如是。在二十四小时内，其完整地完成一次循环。这个较小的循环重复出现就构成了一个大的循环——年。

风水学基础知识

世界的万物都按着它们固有的轨迹变化和发展,不能被打乱。

——老子·道德经

平衡

平衡是一个自然地持久变化和补偿的过程。我们并不需要刻意地去思考它,也不需要去参透它,一切自然而然地产生。阴补偿阳,而阳同样也补偿阴,此过程永不停息。所以,人为地去保持完美的平衡是不可能的。这是一种无形的力量,我们只能在十分短暂的时间内向这个目标靠近,但一切很快就会重新开始,进而达到一种新的平衡状态。拥有了这些阴阳的知识,我们就能够知道,运动并不是非常生硬和不着边际的,而是十分和谐、柔软的。

有利于我们自身的运动形式存在于平衡的中间点。你可以想象:在你的怀中有一架天平,而能量运动的状态就像天平恢复平衡的逐渐变化的过程。

吸引力

吸引力凝聚着阴阳两极的力量,可能有利,也可能不利。通常,我们总是处于寻找处于我们身体之外的另外一种力量的状态。尽管我们自己不知道,但我们日常生活中的大部分行为,确是由我们自身所吸引或者引发的。在寻找住宅时,我们习惯准确地找到是什么在吸引着我们。这种吸引并不意味着它在发出某种召唤,或者

> 在太阳下，没有什么是新的。这种认识很紧密地和时间、空间的规律相联系。这种法则一次又一次地告诉我们，没有什么是在从前发生过的。

我们确实强烈地需要它。在有些情况下，尽管在这一瞬间我们确实感受到了吸引，可不久之后我们就会感到多余、压力或者不适。我们总是在吸引着那些对于我们是赘余或者会打破我们自身平衡的东西。因此，一段时间以后，我们就不再对这座住宅充满喜爱，因为它不再吸引我们了。比如，某天天气闷热，进入一座很凉爽惬意的房子，我们的身体就会接受到这样的信号，然后在我们的印象中产生"舒适"或者"内心震动"的信息。这个时候就产生了吸引和平衡。

变化

当我们处于频繁的变化、运动和吸引当中，我们就很难集中精力。知道究竟什么更适合我们自身并不是件简单的事情。通过自我剖析的方式来运用风水学，我们就能确定自己到底需要什么。即使我们自身的能量和住宅的能量都处于频繁地变化当中，但事实上我们却并没有因此而频繁迁居。在我们所处的环境当中，同样的循环过程总是在不断地重复着，循环的规律总是在不断地重现。

小贴士　八卦

八卦是中国古代的一套有象征意义的符号，由八种卦象组成。每一卦象都是由三个"—"和"--"（'—'代表阳，"--"代表阴）组合组成，也可以是三个单独的"—"或"--"。其代表一定的事物，具体内容后文还会讲到。

风水学基础知识

不死的能量

大地上致病的能量

自然的杰作

环境的能量

朝向的能量

原始住宅的能量

- **小贴士**
  内心的图景

  小时候，我们总是在绘一个相同的场景：我们的灵魂离开身体，飞向太阳，云彩在身边飘过，房屋慢慢变小，河流、山峰、花朵、树木都成了身后的图景。长大了，我们仍然在绘制着我们心目中的那种场景，我们始终没有改变那种特殊的符号。这些符号，就是风水的符号，可以说这些是我们的心灵和八卦的一种对应。

圣地

在所有的风景山水中，圣地被给予了最多的关注。在风水学中，其更是绝对的不死之福地。在西方文化中，圣地是神址，是属于神、圣人、天使和守护者的。无论如何，圣地被认为是受到了地气的滋润。另外，其也是由此地的星相方面的能量而决定的。这种天、地能量的融合，或者说这种神圣的能量的融合，产生了能量的出口和入口，也形成了圣地的守护者和呵护者。

风水学基础知识

灵地

在灵地,你可以体验到自身卓越的变化。对于宗教来讲,这表示无处不在的神;对于不可知论者,这里的自然文明的力量为他们打开了一扇通往另一世界的大门。根据风水学,这样的地方就是宇宙中的超能量或者宇宙之本源弥漫的地方。而我们通过灵地,就能够与之融合,并体会到它的真谛。

地点的名称通常是灵地的第一征兆,符号也可以确定灵地,通常用兽形符号、圣物来象征灵地。其他明显地标识这类地方的符号有:史前遗迹、史前巨石或者特殊的磁石。这些符号坐落在地表,土地的能量时刻在围绕着它们。

● **小贴士　长寿与人类潜能**

　　自古以来，人们就一直在寻找延年益寿、长生不老之术，意图保持身体健康、远离苦难。总之，是对完美的苦苦追寻。由于大家都在进行诸如此类的寻找，人们逐渐发现了物质变化的机制，此规则保证了人的潜能被挖掘到最大限度。

　　不论在东方还是西方，炼金师均以隐蔽的方式在他们的私人实验室中研究着物质和能量的变化，企图找到永恒。而这些物质中的主角，就是金和铅。很多术师都取得了耀眼的成就，而承载了那些成果的文字资料和书籍，我们至今仍未能参透。

　　有一些神秘的记载，现在仍保持原状，但无法从中提炼出能被我们接受和理解的内容。

风水学基础知识

● 有一些大师已经通过结合哲学和中国传统医学修成了长生的方法。有一位大师曾活了252岁。

其他的书和材料则在政府的重压下,在中世纪被付之一炬了。统治者殚精竭虑,为了不让人们知道如何开发人类无限的潜能。

在这一点上,我们可以思索一下现代科学向我们证明的,人类的潜能只被开发了不足3%。对于少数天赋秉性较好的人来说,这个比例可能会大一些,但是也仍然未能突破10%。问题是,我们剩余未被发掘的97%的能力到哪里去了呢?从降生的那一刻起直到死亡,我们只开发了那些最为基础和初级的功能:动物本能和极为有限的拓展部分。

古代科学家们一直在探索,如何在开发人类潜能的路上走得更远。有些人的确获得了成功,可那些方法,步骤早已经不为人知了。

在他们中间最为突出的有:帕拉塞尔索,药物之父,他对药用植物的应用像教科书一般被载入史册;老子,老子和他创设的道教对于"空"的认识非常之深刻;埃勒麦斯·特里麦赫斯托,其创建了最原始的宇宙灵魂之书;毕达戈拉斯,其提出的数学定理为人类探索宇宙打下了坚实的基础还有希波克拉底、释迦牟尼等等。

象征主义

那些代表圣地的符号对于每一种文化都各不相同。在中国,神圣总是被有权势、神秘和有灵性的兽所代表。在西方的古文化中,这些符号结合了凯尔特、罗马和阿拉伯文化,拥有不同的名称。现在的天主教,综合了古代的一些宗教,从而信仰圣人。所以,几乎在所有信仰天主教的地方,我们都能够看到圣·佩德罗的寺所、圣·乔治的寺所等等。

希腊人和罗马人膜拜那些象征神的图腾,比如火神、司农女神、土地神和丰收神等。这些神被刻成塑像,供奉在不同的地点,有的甚至被雕刻在巴萨罗纳的安桑切斯建筑的表面。其他的文明,比如凯尔特文明,则供奉象征战神、王子和国王的图腾。

对于来自世界各地的文明和时尚,那些神圣的象征是他们自身文明的一种展示。但是,需要强调的是,它们只有对我们有意义时才会产生作用。

在古代,人们利用符号来代表自然。在多数情况下,这变成了祈祷对自己有利的能量的迷。

风水学基础知识

● **小贴士　风水学的发现**

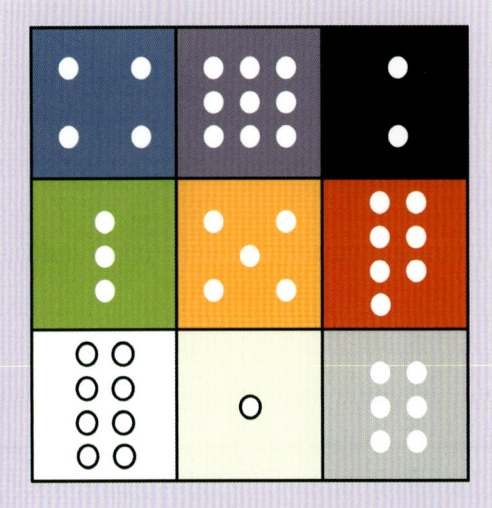

上图一张数阵图，是风水及九宫的基础。

风水，是太极的源头，早在四千多年前的三皇时代就已经存在，并被记载在一块浮出水面的龟甲上，最终为人们发现。也正因如此，龟的形象被看做是具象标志的象征。

● **小贴士　精神——象征的寄托**

在任何的现实行为中都蕴藏着你的本性，这存在于万物自身、却不可见的本性会从任何的具体事件中反映出来。在西方，这被认为是原因和影响的规律。所以，所有被察觉的事实的原因都和精神联系起来。大多数不能被觉察的事情，则充斥在具体的生活中，或者说，成为现实的具象。

人和事物的精神或者本性可能是积极的、有益的，也可能是消极的、有害的，或者呈中性、不偏不倚、无欲无害。祖辈留下来的传统中，精神是很受重视的。在中国传统中，人们特别注意这两种情况：已故先辈的精神，将其称为"鬼"；自然的精神，将其称为"神"。家人的精神与当下发生的事情相联系，而已故先辈的精神，则通过后代与未来产生联系。这就是精神能够在时空中持续存在的体系，而这种体系是通过"家祭"来实现的。

玄武（龟）

朱雀（凤凰）

圣兽

玄武

　　这种动物具有灵性且神秘。它背负着自己的甲壳移动，背壳上铭刻着代表整个宇宙的符号，代表北方。

　　北，从方位上来讲表示后方，为我们抵御凛冽的朔风；从环境方面来讲，代表山，可以帮助我们的住宅阻碍寒流的侵蚀；从人体结构来讲，代表人的后背和肋骨，保护我们体内最重要的器官：心脏。

朱雀

　　朱雀，也称凤凰，意味着地平线，在环境中指较为开阔的地形。这种神秘的鸟有无数与其自身一样神秘的特性，最为引人注意的是它能通过"涅槃"的方式从灰烬中重生，从而永不死亡。

　　在风水学中，朱雀代表南方，具有阳、热和光的含义。

风水学基础知识

青龙

青龙，表示左臂，位于任何地点的左边。它的至刚阳气能主动地抵抗一处地点的致病能量，使我们免受损害。

在人体方位中，左手边是被阳刚之气围绕的，这和左青龙的说法相吻合。

白虎

白虎，表示右臂，具有主阴的保护作用。其可作用于任何一个地点，能够代表位于西方的群山。在我们体内，白虎在右手边，主阴。

一个地点的有利之气依赖于上述四种圣兽的保护和它们彼此间的关系，以此来阻止致病的乖戾之气进入。

龙

虎

五行

五行，即金、木、水、火、土，这五种元素间存在相生相克的关系。

水生木、木生火、火之烬生土、土生金、金熔为水，这种循环关系被称作相生，因为每一种元素都产生了另外一种元素。本质上，"生"的任何一个步骤都产生了这个循环。

同样的，为了使自身的元素力量更强，一种元素会摧毁另外的元素使自身重新得到发展，这种循环被称作相克。木克土、土克水、水克火、火克金、金克木，这种毁灭关系是无休止、无穷尽的。在这个循环中，每一种元素能量都直接或间接地影响其他的元素。在西方文化中，这叫做欲立则先废，这是无法避免的、自然的和必须的。

木

木有上升的本质，这和春天的生机十分相符。宇宙中任何有这种特质的物体，我们都称其为五行属木。

火

火也有上升的特质，并且向各个方向发散，这和炎夏的特性很相近。任何有此属性的物体，我们都称其为五行属火。

风水学基础知识

能量的相生相克

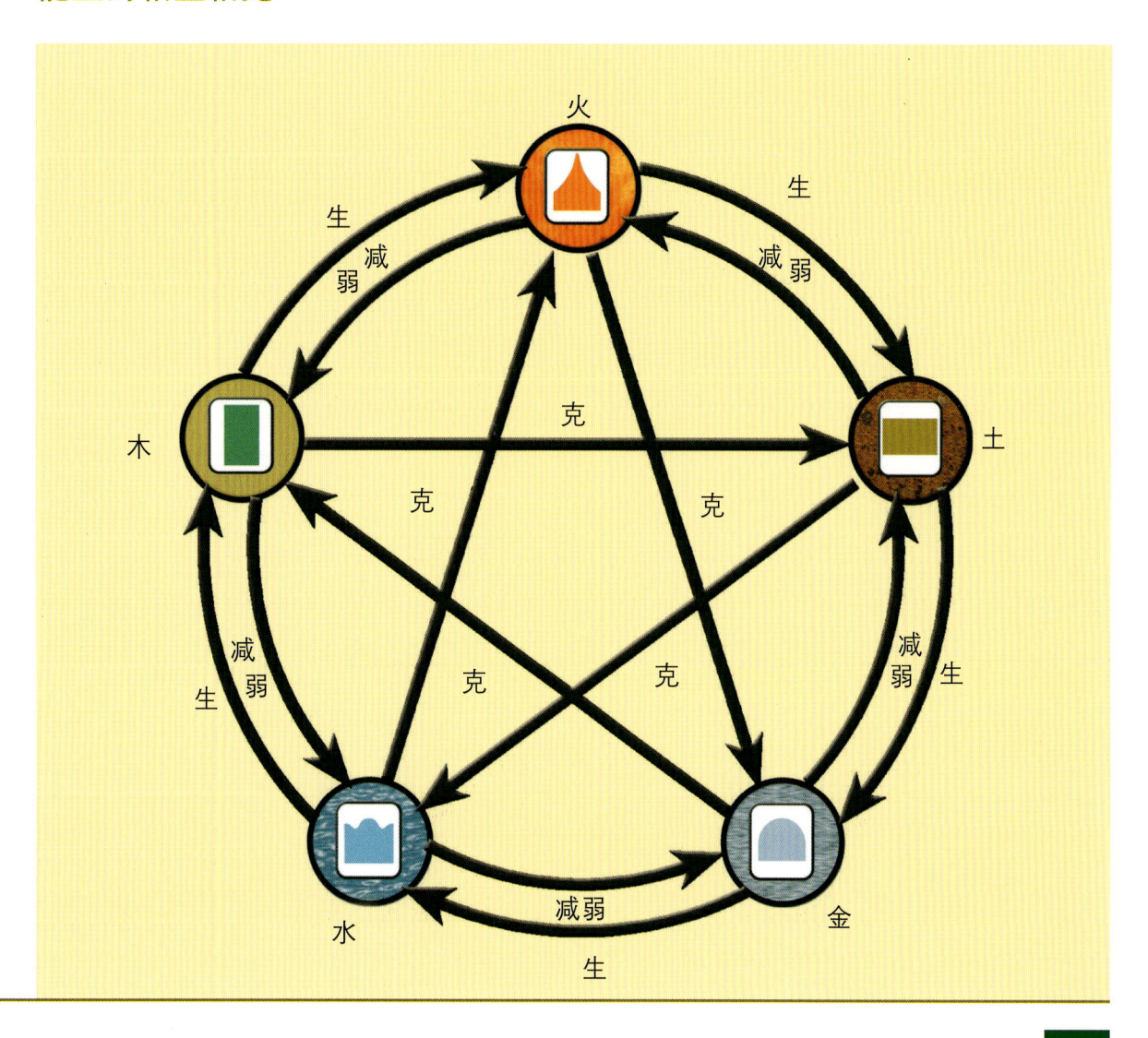

● **小贴士　五行**

五行处于不断的变化当中，相生相克。通过对这些循环的认识，我们可加强或削弱住宅中的某种属性，使住宅中充满生气。

元素/象征	生	克	克于	生于
木 东、东南	火	土	金	水
火 南	土	金	水	木
土 西南、中心、东北	金	水	木	火
金 西、西北	水	木	火	土
水 北	木	火	土	金

如何布置你的家居

风水学基础知识

土

这种元素的含义有三：土地的中心、土地的表面（滋养万物之气）、土地的升高（即为山）。这三种表现形式一起构成了土元素。

土元素指导着它的能量向下，指向地心。

金

金只有一种特点，就是把能量汇聚为一点。其性质如同秋末，具有汇聚的能力。

水

水有着符合自身特色的运动方式：波状流体。这提示我们，所有具有此种运动方式的物体，都是五行属水的。当水的能量沉于地下，在植物根部流动的时候，代表冬季。

五行的类比

为了更容易地理解五行的运作过程，我们分析一下在一年当中能量（气）是如何进行循环的，每种元素的生息又是如何产生的。

我们不妨将能量的流转比作树木体内的水分和养分的流动。在春季，树的水分和养分从根部上升，以一种上升能量的方式直达顶端的枝叶，这种能量就是五行属木。从枝开始，能量开始向各个方向分散，滋养树叶、花儿和果实。这种发散的性质，又符合火的属性，恰恰这种向叶、花儿和果实发散的流动发生在夏季。

初秋，能量回收，从叶子等部位回到树枝。于是，叶子开始飘落，产生了属土的能量，这种能量符合秋的气质。这股能量逐渐地消失，全部凝结于土地中，就产生了属金的能量。这时，已是秋末。每年这个时候，就可以修剪树木而保证不伤及树身，因为树的能量已经被保存在土地之中了。

最终，树的养分在树根之中进行小范围的流转，使其根部在冬季向各个方向伸展。这又重新进行着水属性的运动，直至冬末，养分又回到根部，开始上升。春回大地，树木欣欣向荣，养分上升，木属性又重新参与到这个轮回当中。

中国生肖

风水的一些表层知识是建立在中国的生肖基础之上的，而生肖起到了连接每个个体和宇宙能量的作用。每个人自身的能量都被十二生肖中的一种动物代表着，这些动物代表了相应的人格特点或精神力量，比如坚持、敏感和韧性。

根据星相学的方法，每一种动物自身的特点决定了这种动物所代表的人的特点。了解这些动物的特点，有助于人们了解自身。

中国人有这样一种世界观，他们认为存在于这个世界中的一切是一个整体，而这个整体建立在五行属性基础之上。年份的分类同样包含在其中。每一年都因其代表动物不同而有它自己的特质。整个循环历经六十年，六十年为一甲子。每一个甲子都是以五行属木的鼠开始，性阳，以五行属水的猪结束，性阴。

目前正在经历的甲子始于1984年，将在2044年结束。这个循环对他们来讲是一个天年。根据东方哲学，我们所有人都至少可以生存一个甲子。活到两个甲子的人十分引人注目，是不同寻常的长寿。

● **小贴士　动物与五行**

水—北—猪—鼠—牛
金—西—狗—鸡—猴
火—南—羊—鸡—蛇
木—东—虎—兔—龙
土—中心—蛇

风水学基础知识

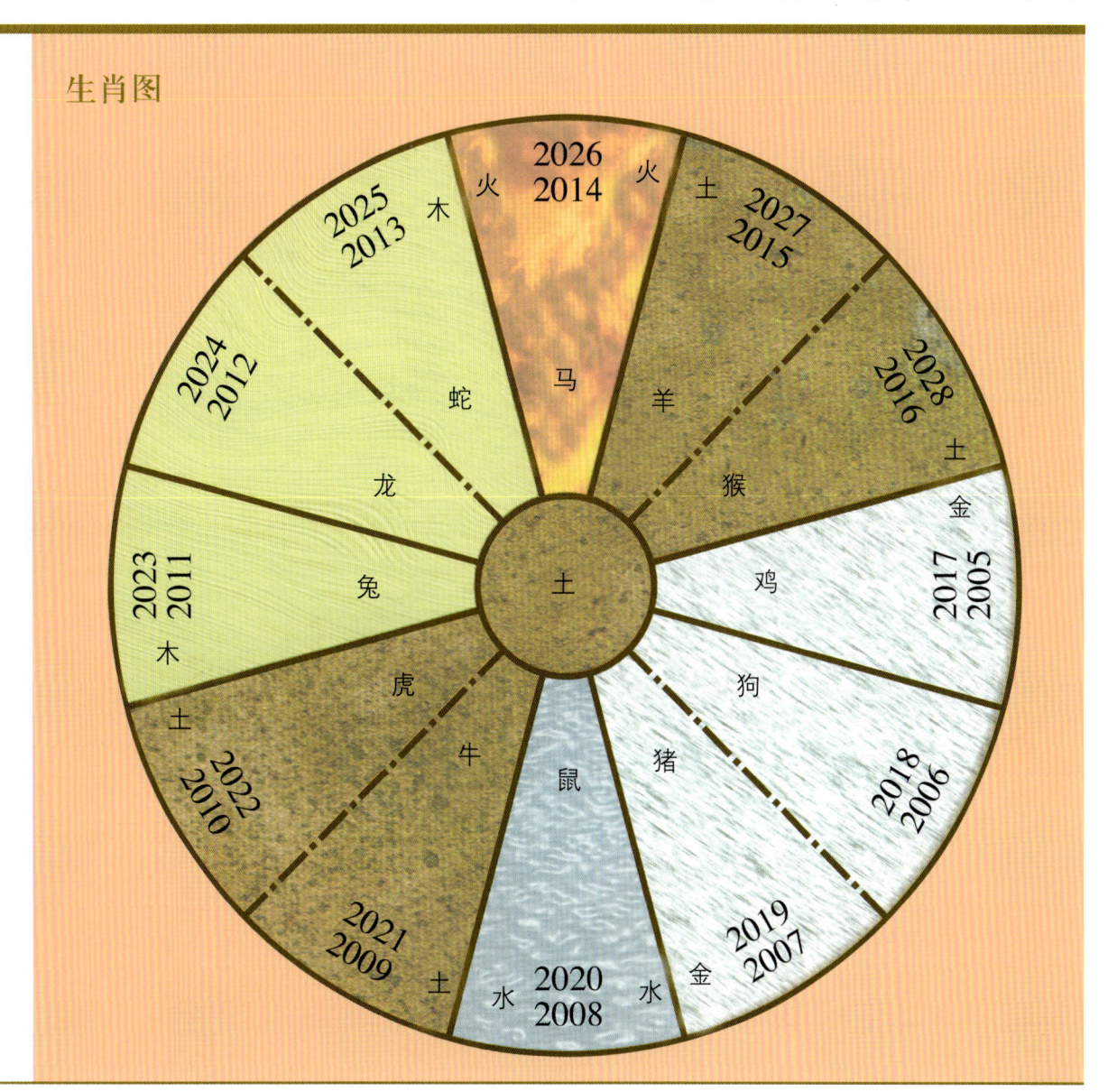

生肖图

How to Decorate Your House

八卦的代表意义

存在于大地之上的一切只是一种暂时的受宇宙影响的表层形式，所有的生物或非生命物体，都有其在天空当中的相对应的主宰力量。中国风水只是上天的一种外在反映。

所有的天体在地面上都有所反映，而代表八方和中心的八卦图就展示了存在于天空和大地之间的感应。

八卦中的每一个卦象都完整地代表了一种能量，同时也表示了这种能量和其他能量的关系。八卦及其所表示的各种关系，其实就是九星的综括。

天空会反映地面上的事物，内部发生的事情一定会表现在外面。

风水学基础知识

　　中心和四时间隙：中心性属土，没有任何的卦象和特殊的地方，只是作为每时每刻围绕着它的事物的一种反映。在极端的情况下，其吸纳第八卦或者第二卦。而四时间隙，代表处于四时之间的变化过程。

空

所属卦象：第八卦或第二卦
五行元素：土
象征：土地中心
宇宙家系：反映全部
九宫图代表数字：5
颜色：无
天时：无
季节：四时间隙
在家中代表：中心

象征中心

空是空间的中心，没有方向，依赖于其周围的事物，具有无止境变化的特点，同时也代表完满、完全。它具有极强的柔性和适应性，是一切的反映。在很多的文明当中，比如阿拉伯文明，用敞开的中庭表示宅中的中心。这对于反映所有的建筑都是比较理想的。

变化

变化也是种普通的能量，符合流转的特点，也就是说，当季节和季节之间发生变化时，并不是直接完成的，而是通过存在于季节之间的一变化的过程。这个周期大概持续十五到二十天，这期间的能量综合了上一季和下一季的特点。一种能量生，一种能量消。这无论对于家中物品的变换、搬迁等变化，或者开始一个新的理疗体制来讲，都是十分重要的。

卦象：由连续的或不连续的三条短线构成，在三个层次上代表阴阳。领域不同，其应用的意义就不同。乾卦是由三条等长的短线构成的，两个这样的卦就可以折分成为一个等六边形。

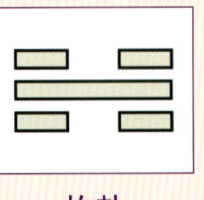

坎卦

卦象：阴阳阴
五行所属：水
象征：北方、水、冷、才能
宇宙家系：次子
九宫图代表数字：1
颜色：蓝黑
天时：夜晚、黑夜
季节：冬至
宅中象征：门户

代表宅中入口

这个方位代表住宅中能量进入的方向。能量在住宅中的行为取决于能量的入口。它通过建立屏障来调整能量的流动，使能量被分为内外两个部分，让不断变化的能量向内涌入。在身体中，此卦的对应部位是口。人们摄入的食物从此进入体内，而我们的感受、想法从这里得到表达。

艮卦

卦象：阳阴阴
五行所属：土
象征：山峦
宇宙家系：少男
九宫图代表数字：8
颜色：黄
天时：黎明
季节：初春
宅中位置：左侧门

代表左侧门

此种能量能够让我们内心得到放松，这个层面的意义远大于得到住宅的意义。在这种能量的呵护下，我们能够获得灵感、放松身心、聚气凝神，能够思考变革，和人杰沟通。这种地方十分适宜作厨房、卧室、客厅、儿童玩具室和洗手间。

风水学基础知识

九宫：将天宫以井字九等分所划分而成的乾宫、坎宫、艮宫、震宫、中宫、巽宫、离宫、坤宫、兑宫。

震卦

卦象：阴阴阳
五行所属：木
象征：雷鸣
宇宙家系：长子
九宫图代表数字：3
颜色：祖母绿
天时：清晨、上午
季节：春季
宅中位置：中央偏左

代表宅中中央偏左

这个方位具有雷的能量，有沟通家人和已逝先辈的功能。随着这种能量的发散，我们能够频繁地和他们进行联系。此方位是洗手间、儿童玩具室、待客室和试衣间的理想位置。

巽卦

卦象：阳阳阴
五行所属：木
象征：风
宇宙家系：长女
九宫图代表数字：4
颜色：深绿
天时：上午
季节：春末夏初
宅中位置：左方宅基

代表左方宅基

这个方位意味着时运，在此方位上我们能收到时运的祝福。我们应该好好利用这个方位来完成我们的创造活动，因为假借着东南之气我们能够感到思如泉涌。此方位是私人办公室的理想之所，能够保证生意顺利兴隆。同时，也是客厅或餐厅的理想之所，以聚拢家人。

How to Decorate Your House 051

离卦

卦象：阳阴阳
五行所属：火
象征：火
宇宙家系：中女
九宫图代表数字：9
颜色：紧红
天时：中午
季节：盛夏
宅中位置：前庭

代表前庭

此方位是我们计划和眼界的代表。厨房、餐厅、客厅和书房对于这一位置都很理想，但是洗手间或者厕所对于这个位置来说是禁忌。

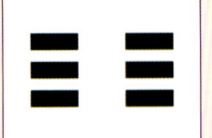

坤卦

卦象：阴阴阴
五行所属：土
象征：滋养之土
宇宙家系：母亲或者年纪最大的女子
九宫图代表数字：2
颜色：深棕色、黑
天时：下午
季节：夏末
宅中位置：宅基右侧

代表宅基右侧

从这个方位我们能获得性质偏阴性的能量，此方位是休息的好地方，特别是对于女性。阴性能量在家中是十分重要的，因为它是建立一切的基础。在这个区域同样适合进行阴阳的交合、夫妻之事，宜设置夫妻卧房、客厅、厨房和放映厅。

风水学基础知识

兑卦

卦象：阴阳阳
五行所属：金
象征：湖或者海洋
宇宙家系：小女儿
九宫图代表数字：7
颜色：红铜色
天时：黄昏
季节：秋季
宅中位置：空间的中部偏右

代表住宅空间的右方
这种能量有助于各种计划和事情的延续性。在住宅中，这样的位置是小孩子最为喜欢的，是儿童卧室、客厅、厨房和卫生间的理想位置。

乾卦

卦象：阳阳阳
五行所属：金
象征：天空
宇宙家系：父亲
九宫图代表数字：6
颜色：银白
天时：黄昏
季节：秋末、冬季
宅中位置：右侧入口

代表宅中右侧入口
这是住宅中至阳的方位，集中体现了阳刚之气。这个区域为我们带来真挚的友谊，是男性活动的适宜区域，宜布置厨房、客厅，同样适合作为单身一族的卧室。

宇宙家系

八卦再加一个八卦中心,就恰好凑成了"九",这九种因素恰好可以填充到九宫当中。九个因素分别占据一格,被标以数字,具有自己的属性,比如木三。其发挥着不同的作用,代表着不同的意义,但相互之间也有着联系。

八卦代表的能量体系加之八卦中心构成了一个宇宙家系,这意味着这些元素中的关系和生物中的血缘关系是相同的。在西方,宇宙家系是由一星期中的七天代表的,这七天象征着水星、金星、木星、火星、土星、太阳和月亮。宇宙家系的家族结构是这样构成的:从至刚至阳的父亲,衍生出具有阴性属性的后代——女儿(木四、火九和金七);从至阴至柔的母亲,衍生出具有阳性特性的后代——儿子(木三、水一和土八)。

深入地研究这些符号和人的性格特征以后,我们就能更好地从根本上了解每个人的人格特点。以这种方式,我们就会发现,在金六的影响下,小儿子会拥有相对较强的领导力,有时表现得甚至像是父亲一样。这是正常的,我们应该正视这种现象,忍让他。如果他没有这样,我们就应该适度引导和劝告,以顺应这种能量的特点,培养他的这种能力。

在西方,宇宙家系被五个可见的行星代表着,即水星、金星、火星、木星、土星,再加上恒星太阳和卫星月亮。

风水学基础知识

阴宅风水

风水学在起初被创建时,就是用来给逝者选择阴宅的,也就是为我们已逝的先辈选择一块适宜的墓地以安放他们。在何处、何方位埋葬他们,关系到未亡亲人的时运、健康、荣辱等等。在上古的风水学著作中将这些归纳为阴宅风水,目的是使逝者不冲犯煞气、不被不祥的能量所困扰,让逝者安息。

凡此种种为逝者进行的工作,都建立在这样的基础之上:人们相信,逝者关系到生者的幸或不幸。

现代社会中,我们仍然关注阴宅风水,但是对待已逝先辈的方式已经大为改变。人们不再为了妥善处理逝者的身后之事,而固执地坚守着传统的一些风俗和习惯了。

于是在很多住宅中,我们仍能遇到逝

● 在古埃及,人们认为当人死去时,灵魂会随死神阿奴比斯而去,在法庭前接受冥王奥西里斯的审判。他会比较灵魂和羽毛的重量,只有那些更为纯净的灵魂才能继续存在下去。

者淤积在生前生活过的屋子里的能量，这是一种很自然的现象。所以，对待已逝先辈，我们还是应当做到尽量完善，才不会感到恐惧和不安。

● **小贴士　有关阴宅风水的知识**

灵魂

在基于风水学的东方哲学中，人们十分重视精神。人的灵魂分为两部分，魂和魄。魂主精神，魄主身体。魂属阳性，魄属阴性。人去世以后，魂要升入天空，而魄要埋入土地。也就是说，各自要回归本源。由此可知，已逝先辈的灵魂很贴近我们，就像自然中的其他元素，只不过是变了一种形式。

五福

在中国的文化当中，最大的愿望就是五福临门。财富、荣耀、长寿、子女兴旺和善终是人们最期望的五福，风水学的发展就提供了获得五福的途径。

如何平衡冲突

在周边环境中，我们能发现专用于丧事活动的建筑。

在西方文化中，人们并不喜欢谈论这样的话题，因为大家已经习惯了这样的自然过程。

在某些风水学的书里，涉及了一些很不祥的东西，可是并没有详细解说。书中建议我们不要住在阴宅或者用于丧事的建筑附近，但是

风水学基础知识

由于城市的日渐扩张和拥挤，我们已经侵入到了这些从前与人隔离的区域。

这导致了很多住宅附近都有墓地、停尸房或医院，死者的阴气就会环绕住宅的四周。这股阴气完全和我们所需的能量不符，逐渐影响我们的生气，疾病就这样一点点产生。但是，随着对自然过程的更深刻地理解，我们知道这是不可避免的，我们只能尽量避免这种能量的威胁和影响。

平衡冲突的过程当中，最重要的就是我们自身积极起来，懂得那些积极的概念和因素。我们之前已经说了能量的循环，而煞气的循环在生命循环中是必不可少的。

在一些文化当中，比如印度，死亡意味着进入另一种境界。这种现象人们每天都在面对，对这种过程的接受是平衡的基础。我们的思想是能量的创造者和改变者。通过思考，我们能够拥有任何的保护措施或者相反的效果。不要忘了，思考的能量比光速还要快，所以我们完全可以通过意识和思考，将不利转化为有利。

对于古人来说，人死后身体能够被长久保存而不腐烂是非常重要的。因为他们认为，任何侵蚀对于其本身来讲都是一种灵魂的阻碍。

出生是人落脚在世界的开始，理应给它一个适当、温暖、亲切的环境。

小贴士　与阴宅风水有关的一些地方

墓地

这里是尸体腐烂的处所，是腐气的散发之地。但是如果我们热爱生活、热爱生命，这就不会影响到我们。因而不用害怕，平和地赞美和接受它，懂得欣赏变化的美，将使我们不受它的侵害。

医院

这些建筑拥有三种不同的能量：新生、死亡、疾病和治愈。

●**新生的能量**。新生的能量是非常积极的。当一个婴儿新生时，会产生大量的高强度的瑞气。这个过程会为与此事件相关的人带来很好的状态、健康或者精气。对于这个过程，无论古代还是现代，都叫做"分娩"。

在这些地方附近居住，可以受到一种良性刺激，改善我们的目标，使我们的生活目标更加明确。

●**死亡的能量**。当死亡发生在我们爱的人的身上时，这种能量能够产生一种难以磨灭的印象，深深刻进我们的心里。它时刻提醒我们，我们是很容易受伤害的。同时，我们一直在期许这样一个过程：调整自己的状态，纠正一些错误，使总体得到改善。这刺激我们去思索我们的生活，更多地付出自己的爱，更好地利用我们剩下的时间。

●**疾病和治愈的能量**。其反映在"变化"这种能量与我们的自身磁场当中。这种能量时常附着可以导致死亡的十分极端的能量。

医院，特别是大医院，常蕴藏着大量的此种能量。

为了认识未来，所以我们学习历史。古人认为死是回归的一

风水学基础知识

种形式,而生是离开了本源。

　　大量的病人能够产生一个影响外界变化的气场。那些深刻地理解这个问题的人们知道,非常积极的治愈的能量被大量地吸引到这些地方,能建立一个积极和消极能量的新的平衡。我们可以总结出这样的经验:和那些拥有着积极的治愈能量的人在一起,就能够抵御消极能量的影响,并能够协助患者人恢复健康。

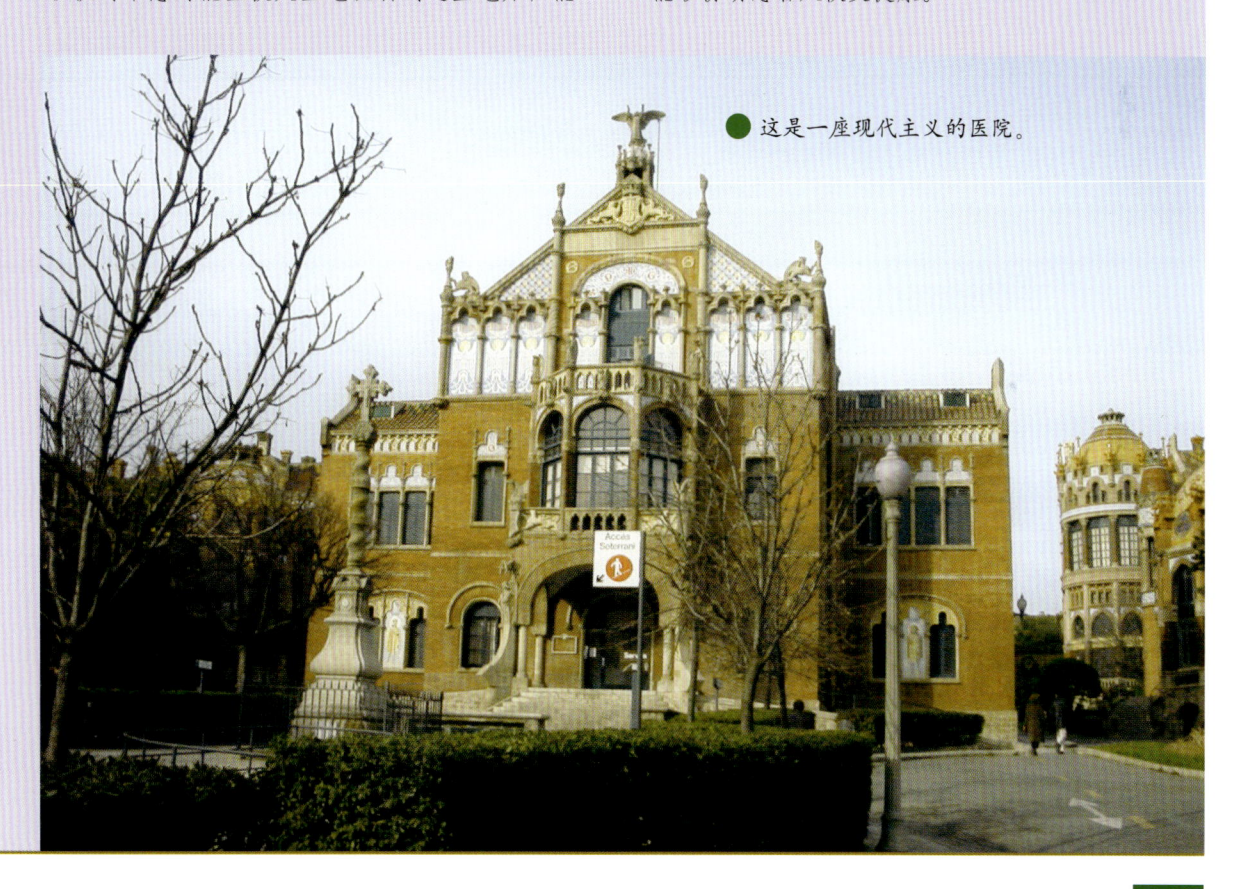

● 这是一座现代主义的医院。

殡仪馆和停尸房

这些地方是处理逝者后事仪式的地方,所以在处理后事的整个过程当中显得十分重要,应该悉心照料、美化这些地方。通常用各种技术手段、鲜花、帷幔、有圣符的饰品、悼文、音乐、纪念物、死者照片等等来布置这些地方。这些都是很宝贵的古代文化的遗产,尸体的处理、化妆、储存、衣着、防腐同样是古代就有的仪式。精心地进行这些必需的活动对已故的人是非常必要和有利的。

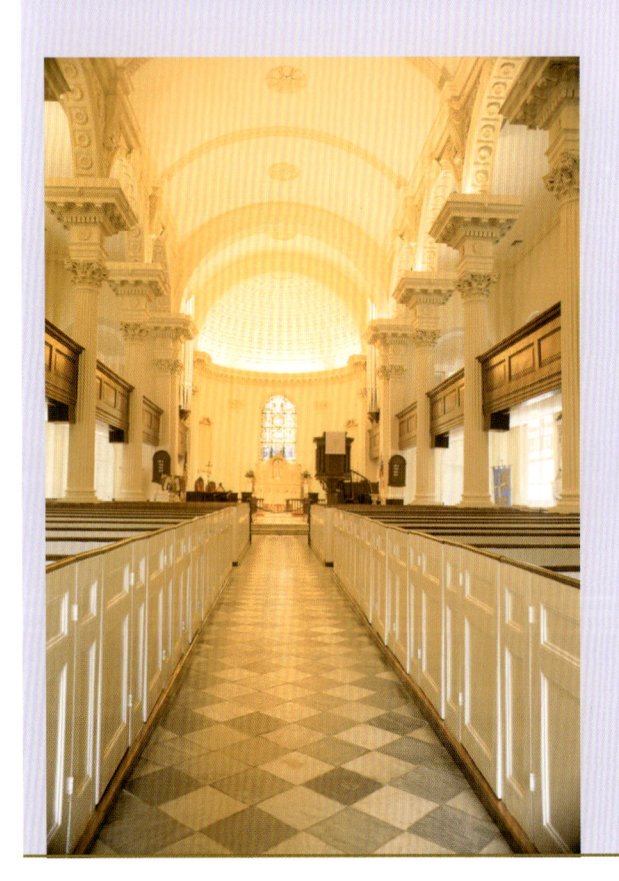

教堂和寺院

这些地方是非常杰出的圣地,这里常进行着很重要的活动,如出生和死亡。寺院是唯一完全应用风水学原理的地方,像古代一样,没有任何变动地运用着那些原理和科学。风水学原理起初是用于建筑学,而后用于占卜、预言、炼金术、天文学、数学等等。

在这些如今几乎被遗忘的地方,我们能够找到和平、和谐、宁静、灵感、专注等等在现代城市当中所缺失的一切。

很少人会被这种空间吸引,因为在这种能找到宁静、平和、孤独、肃穆的地方,我们应该沉默和庄严,这让人感到些许紧张。

我们不该忘记,精神的最大的寺院其实就是身体。如果不这样认为的话,我们就会不知不觉地损坏它。

事实上,这种类型的建筑只是想帮助和内在引导我们强大的精神建立联系。在长期的生活当中,我们很少有能够直接接触到内心灵魂的机会。

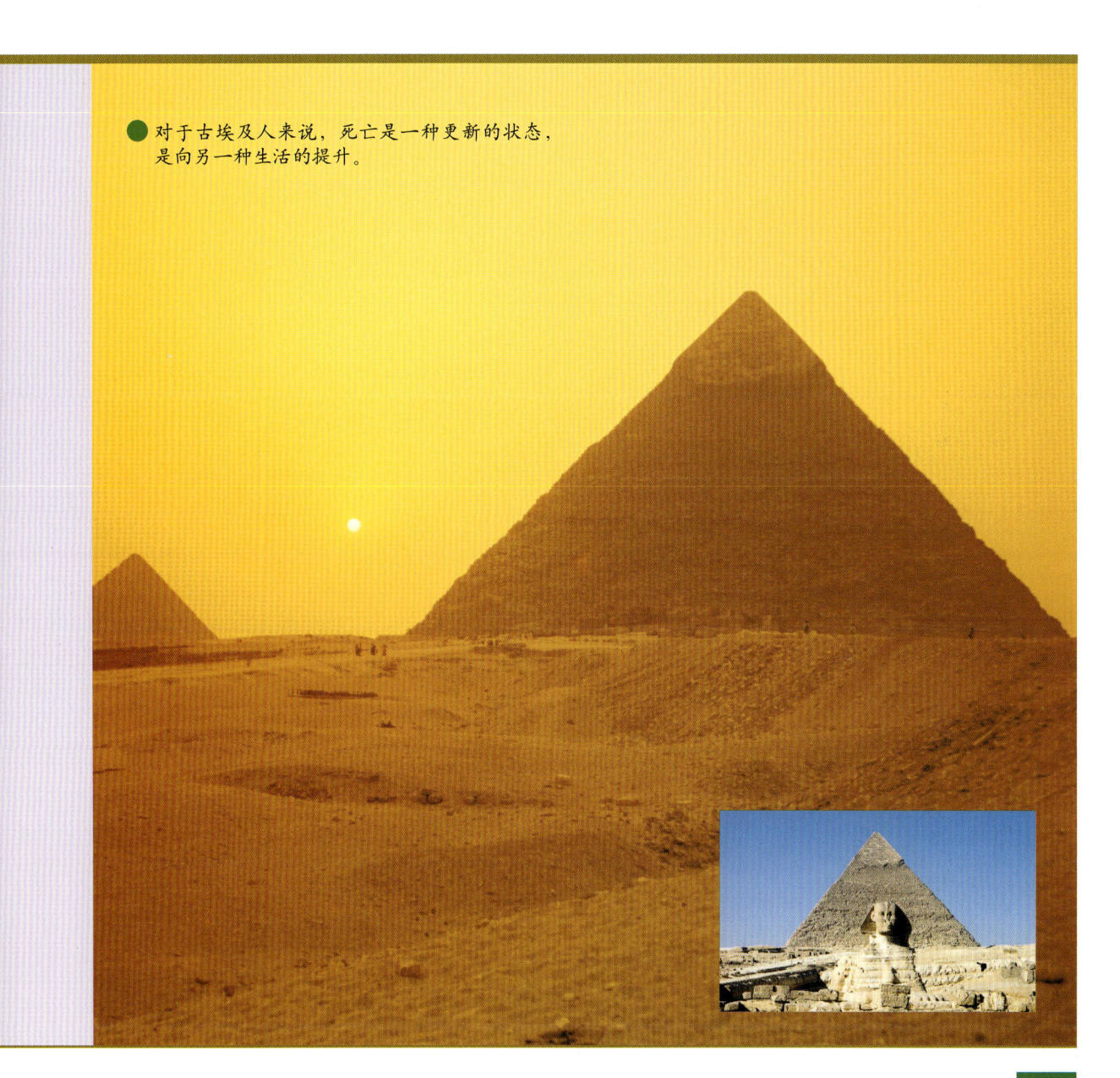

● 对于古埃及人来说，死亡是一种更新的状态，是向另一种生活的提升。

环境中的能量

有些城市并非为居住而设计，而是为了休息和工作。

环境

周边环境

周边环境由以下几种方式构成：城市建筑、自然环境中环宅的山和植物等。

住宅周遭的环境决定了能量所能给你的生气。这些方式是多种多样的，最相似的应该就是五行的五种元素的能量变化。也就是说，我们应该可以从周边环境中辨认出金、木、水、火、土五行的形式。

事实上，这些方式通常具体表现为圆形、波状、拉长、平面状、高、低，或是由点构成，或者是模仿自然中有机协调的建筑或者景观，比如高迪的建筑。

向远处延伸的表现形式，或者说平坦的土地，对于商务建筑和军队建筑都是十分有用的。

较高的表现形式，或者说具有木属性的表现形式，符合巨大建筑的特征，比如摩天大楼。

点状的表现形式，或者说具有火属性的表现形式，对于圣地是十分有用的，比如寺院里的塔，或者一些十分华丽的建筑的穹顶。

较低的表现形式，或者能够反射周边环境的、较尖锐的形式，具有金的属性，比如某些建筑的锋利的角。

通常意义的环境

通常意义的环境是由围绕着周边环境的事物构成的。为了更形象地解释这一概念，我们不妨来打一个比方。如果将周边环境比作一个戒指，那么通常意义的环境就是一个更大的戒指，并将周边环境围在中心。比如，我们的住宅就是位于最中心的圈，周边环境是个稍大的圈，围绕着我们的住宅。但是还存在第三个更大的圈，围绕着第二外

能量是环绕着所有事物的电磁载体，包括山、土地和所有天体。可以说，能量是构成环境的因素。

环境中的能量

圈，这就是通常意义的环境。而最大的圈，就代表这个地方的能量，这种圈涵盖了里面所有的三个圈。

环境中的能量

在观察完环境之后，我们就可以更加地确定是哪一种能量在环境中流转，从而也能有一个很清晰的判断，究竟是什么能量在直接影响着我们的住宅。

环境中的能量以迥异的方式影响着家庭。附近的建筑、水的景观、树木、小山和你住宅区域内的其他一切特征，都可能成为突出的方面。比如，如果来自于某一方向的平原的风冲向住宅，那么种在房前的树就是影响住宅的关键因素。另一方面，你和住在相似住宅的人、拥有相同的住宅的朝向的人，甚至睡觉时朝向相同的人都分担着相同的事情，尽管不为人知。

住宅应该被环境保护和环绕。

● **小贴士　环境**

从风水学的角度来讲，这些可见的外观和特质的整体可以使我们获益，同样也可以危及我们自身。那些直观的形象，比如暗箭、有威胁的不成比例的金属结构，这些不和谐的表象在环境中是十分容易被识别的能量，可是它们的作用可以直指我们的住宅。

水
波状，围绕在住宅周围，十分和谐地运动着，附着我们住宅的积极的气。

木
那些不匀称的大森林，无论对我们的住宅还是城市都很具威胁性。

火
火的尖锐的外表，对其所在的环境和城市都是一个很大的刺激。

土
那些具有平顶的较矮的房子，因为对天空的可视面积较大，因此具有积极的一面。

金
寺院或者教堂的圆形的穹顶，对我们的环境和住宅都是十分有利的。

环境中的能量

● 在城市,保护我们的环境是人为的,所以活力的能量并不丰富。

How to Decorate **Your House** 067

空

　　这种能量没有质量也没有密度,所以是不可见的。但是其自身会产生振动,并能够使其他物体振动。现代物理学证明,"空"这种能量其实并不存在。

　　从物质角度看,所有有形的物质都占据空间,我们可以称之为物体。所有的物体都有两面性,也就是相斥的和互补的互为相反的两面。所以,形体会张弛有度。

　　当这些物质被具体化,具有了一定的形状,通过吸引的方式被组织起来,会产生以下几种变化:

具体——非具体
可见——不可见
有形——无形

- **小贴士　住宅和环境**

　　你住宅的形状和风格应该尽可能和邻居的住宅、周围的环境保持和谐。这样就可以应用外部的和谐来改善内部,从而保持五行的平衡,这是风水学的基本常识。

环境中的能量

锐气

为了预防锐气的不良影响，我们应该减缓来自于该方向的能量流动。五行之间得到协调，能量正常循环，是非常有效和必需的。

一种元素的能量，就像我们之前讲过的，和五行当中的其他能量会有相生相克的关系。

这个原则对于应付锐气是十分有效的。比如，锐气来自西南方位，此方位五行属土，而金克土，所以，解决这种锐气的方式就是，在西南方位放置一个五行属金的物品。其他的解决方法还有种植一些五行属金的树木，比如雪松。

无论是时下正流行的还是传统上的，我们都见过这样的做法，就是在住宅的大门入口处贴一幅圣母玛利亚像。由此就可以避免邪气进入我们的住宅，还可以吸引好运和和谐进入我们的家门。尽管这种做法的宗教意味十分浓厚，但是这最原始的本质仍然是十分自然的。目前，这些标识仍然有效，但是被强加上了种族主义、佛教和骑士等等的特点。

圣母，是土地母亲的象征，她会提醒我们，自然是慷慨的，也是丰富的。

● **小贴士　与公路有关的不良住宅的类型及解决方法**

无论是轿车、公共汽车，还是卡车，都携带着属于它们自身的气。这种情况和人是一样的，气随着宿主运动。这种存在于宿主体内并随之一起加速的气，会改变其经过的地方的气。公路、街道是硬平面，通常以直线的方式建设的，这种笔直的线路疏导着一种十分不祥的能量。我们应该知道，自然的能量是在不断变化、自然弯曲的，任何以笔直的方式产生的能量，无论对人体还是对生活，都十分不利。

●**住宅在T型路口，正对公路**：每当有车辆经过T型路口时，都会带来一种不祥之气，直冲住宅。这种不良的气具有非常的攻击性。
解决方法：在住宅的前面建造一面自然的或者人工的墙或篱笆。

●**住宅在曲线公路边**：这种路况加剧了在公路以外的气的加速。如果你的住宅恰巧在曲线公路的边上，就会受到从两个方向上来的车辆的影响。
解决方法：和前一种情况相同。

●**住宅在Y型公路旁边**：住宅将会受到来自三个不同方向的车辆的影响。
解决方法：同样是墙或者篱笆，间或添加一些树，位置根据Y型路口的中心形状而定。

●**住宅在公路环岛处**：这种情况下，可能会受到多种相似的能量的影响。
解决方法：换房子。当然，如果这种情况不发生或者只是暂时的是最好的，但是受到影响是再所难免的。

环境中的能量

不死之境的能量特点

不死之境的说法存在于各个时期的各种文明当中，在西方文明当中也不例外。这种不死之境有更好的指向性，对人非常有利，处于这个地方的能量非常有利于人体。

古时候，在异教文化中不死之境被冠以"方位之主"的称谓，这种称谓早在"圣"之前很早就出现了。这种强势的能量渗入每一寸土地，也同样把这种力量赋予在那里出生的人们。如今，我们可以看到很多不死之地的存在，比如高速公路旁边、工厂、城市区等等。这些设施具有的能量具有很强的伤害性。

在古代科学当中，这是给这个地方造成不良影响的起源，不死之气则阻止了这种病态的能量，同时将人引向五福。

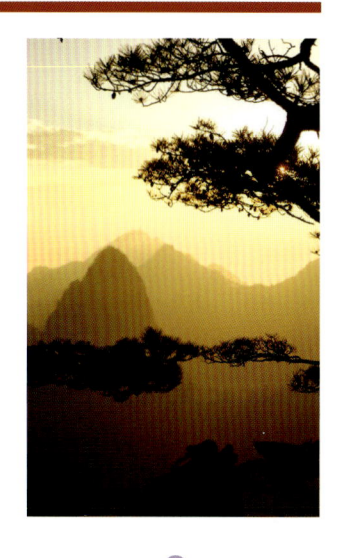

吸引五福是东方哲学和东方科学的目的。在西方，我们称其为寻找幸福。

How to Decorate Your House　071

● 不死的概念被吸收到宗教的符号或者神话当中。通常圣人、神、星宿、星座会有这样的称谓。

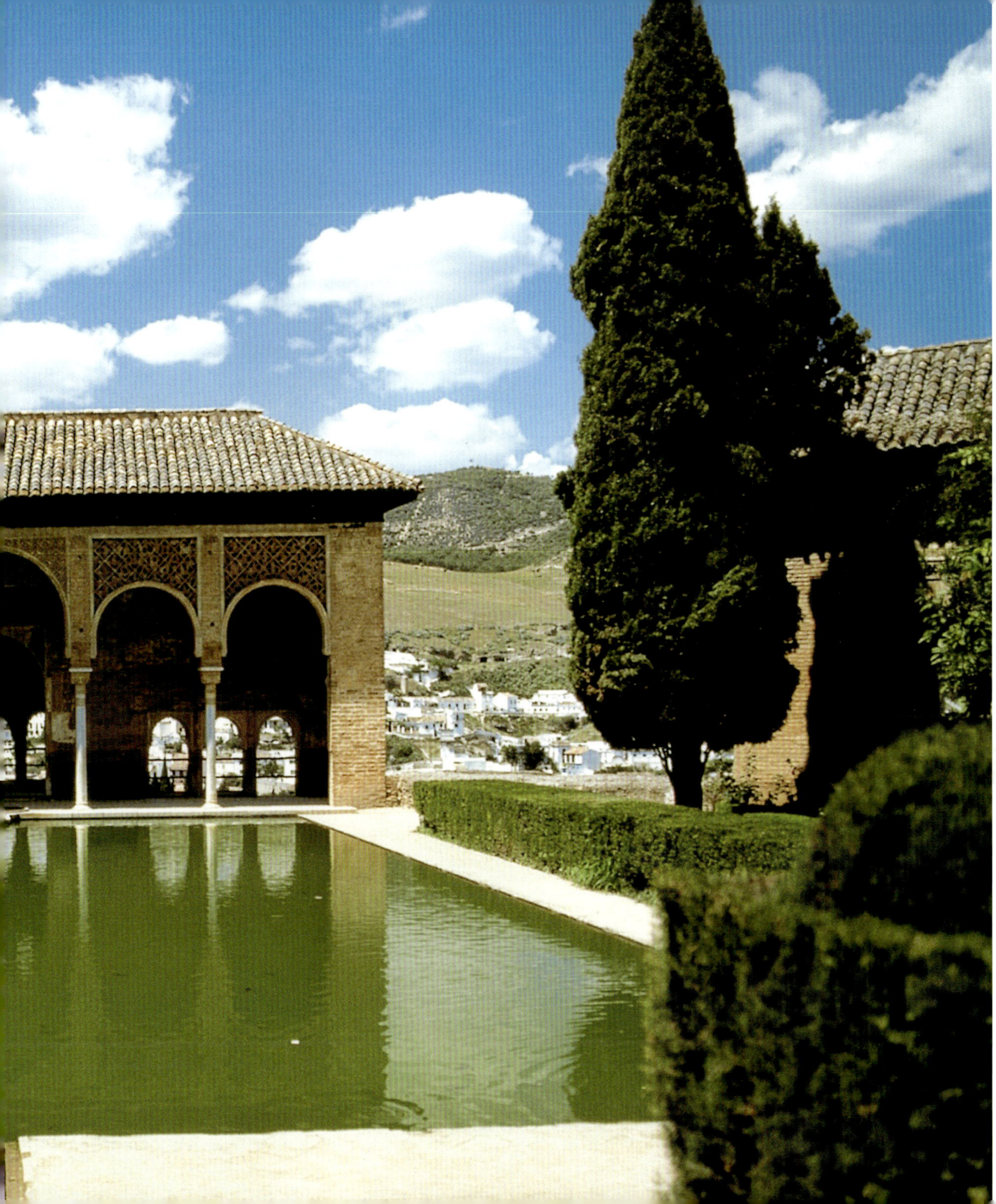

074 如何布置你的家居

环境中的能量

● **小贴士　中国古文**

古文来自于古中国，并且至今在中医（中医，中国的传统医学，主要基于人体的临床实践的一门科学，强调人体和外界环境的调和。）药学中仍可见。

中医的理论系统最早可以追溯至公元前21世纪，如果将周边的越南、印度、印度尼西亚、尼泊尔、柬埔寨、韩国等国家包括在内，自推广以来已经使二十亿人受益。通过古文经典《诗经》和《黄帝内经》，我们可以知道，病的能量其实是来自外界的，由缺点产生。也就是说，一个地方本身的不足，是疾病的源头。

《黄帝内经》是一部经典著作，是各方医学的集大成者。其中的一些篇目谈到了养生的方法，尽管还有一些篇目没有公诸于世，但大部分内容还是流传于民间。比如，《素问·八篇》，就分析了天地之间运动的相对关系。这是万事万物运动的基本原则，是生死的迹象。为了应用这些理论，我们应当理解自然界的生物、事物的内在本质，过去、现在发生的事情，和将发生在未来的事情，研读古代经典，这才是智慧之源。

自然环境中的能量

当我们在自然环境中寻找可以建房的地方时，一定要观察和了解周边环境和整体环境，深刻地认识这个地方。我们应该建立一种简单而清晰的印象：这个宅基地是在高山上还是在谷地中，是朝南还是朝北，是被阳气环绕还是地处阴影之中。

接下来，观察门的朝向。较理想的情况是住宅面朝谷地，背靠高山。这种朝向，在北半球方向朝南，代表东南和西南。这种方位会给住宅一种具体的特点：越靠近山坡底部，气就越和谐。山势将直接给宅基地一个良好的影响，提高住宅的阳气，留住五行属火的能量。那些起伏的圆顶小山会产生五行属金和五行属水的能量。而平顶的山头，会集聚五行属土的能量。

● 为了更深入地认识一个地方，需要在这个地方居住一段时间。

环境中的能量

How to Decorate **Your House** 077

对于一些文化，比如非洲文化，树像神一样，是神圣的、崇高的。人们通过呼吸来接受树的亲近，也通过这种方式被精神之父保佑。

● **小贴士　植物对住宅的影响**

在住宅周边环境中种植的树木，很多情况下可以起到山的保护作用。

如果住宅坐落在空旷的地方，我们就可以按照青龙、白虎、朱雀、玄武的方位种上树木，从而在环境中建立起保护措施。

将那些较为高大的树木种在住宅的背后，就可以起到黑星和北方的玄武的作用，比如朴树、椴树、冷杉、沼泽岑树等等。

在住宅的右侧，应该种一些较矮小的、形状或叶片呈圆形的树木。它们可以是果树或者开花树，比如含羞草、桑树或者金合欢。

在住宅的左侧，种植一些和右侧植株高度差不多的植物，但最好呈点状，比如意大利柏树和雪松。

● **小贴士　高塔对住宅的影响**

高塔对于住宅能量的影响十分深远。这些高大的高压输电线塔会在人体中产生巨大的磁场，在买房的时候一定要注意要尽可能地远离这些高塔和类似的建筑。如果不得不住在这种场合附近的话，一定要请相关的专家来测定能够影响到自家住宅的电场和磁场。这样就可以向电力公司提出要求，让他们采取措施。

环境中的能量

乡村环境中的能量

　　乡村、菜园、草场和花园构成了乡村环境中的能量因素。在这种环境中,个人的住宅或者建筑都相对较低,彼此围绕成为村落。这种乡村风格对周边环境和整体环境起到非常好的影响。这里的街道比城市要安静许多,更加亲近大自然,因而这里的气氛更为和谐。在这里,向东或者向南的方位总是能够最大限度地得到阳光,光线充足,且其非常容易进入室内。

　　一些大的村庄现在正在按着大城市的方式发展自己,破坏了原有的乡村风格的建筑形式。多元的工业化发展、棱角鲜明的楼层建筑、沥青材质的路面、交通信号灯等等,都破坏了原有的和谐,为能量的流动制造了困难。在很多地区,一条街上的厂房一座挨着一座,和同一街区的住宅建筑相互混杂。这种将工业化进行到最后角落的做法大大地破坏了原有环境,造成了环境的失衡。另外,有些住宅区域被夹在公路或者铁路的中间,这可能是因为交通路线后于住宅区建设,或者是当权者在进行建设时并没有考虑到住户的健康状况。

原始住宅中的能量

洞穴

最突出的原始住宅是洞穴。在洞穴中，诞生了原始文明或半原始文明。这是由我们土地母亲提供给我们的天然住宅，我们甚至可以将洞穴比作圣母的子宫，因为在那种环境中这种根本的能量可以给人以各种层面的有益的影响。而且，在土地的内部，有害的所谓"缺陷的携病之风"无法进行流转。那些远离尘世的洞穴，常常被圣人、僧侣、智者用来作为修行之所。他们在那里进行修炼，以期成为仙人、获得永生，或者和大自然母亲进行交流。

茅屋

在古代，茅屋被在野外工作或生活在野外的人所建造和使用，虽然现在在某些游牧地区仍然作为人们生活的必需住房，比如蒙古、西藏、尼泊尔、西班牙部分地区。现代社会，茅屋在户外登山、旅行爱好者当中发挥着很大的作用。

通常这些房子都处于较偏远的地区，人们往往因为距离的关系不得不在野外过夜时，会用到此类房舍。并不建议将此种房屋作为家庭的日常起居房，因为这里的能量充满了野性，会造成人们与世隔绝。 只建议那些十分想尝试这种住房的人来居住。

有一些精神世界十分丰富的人，对于在这种地方生活做了充分准备。这些环境里的元素有助于自我完善和提升思想境界，他们可以在这里沉思、专注、入定和求得完满。

环境中的能量

野寺中的能量

野外的寺院或者教堂，是根据不同的文化而建立的纪念物。古代的这种小寺院常被建立在较偏远的野外，那里流转着多种能级很高的能量。人们认为这种能量有利于进行精神上的联系，但并不适合于家居，或者在此居住。

须知，每一个地方都有一种特定的生活方式与之对应。在野外的寺院或者教堂中进行的沟通附有了野性的气息和孤独的意味，家庭生活在这里就会显得十分复杂。因为虽然环绕在这里的能量对于夫妻间的稳定十分有意义，可是又是狂野而不可抑制的。

寺院的建设是为了人们能够和精神世界建立联系，与物质世界划清界限，如果真的想在这样的地方实现自己的家居计划，我们会失去一些物质保障等等。

特定的地点提供特定的生活方式，这种现象的原因都是相同的：能量的流转。流转的能量是根本，又是产生能量效应的原因。正是由于这个原因，中国风水学开始研究存在于不同地点的能量的不同用途，以此来获得预见性的信息，避免在不良的地方居住。

为了能够和精神世界进行交流，我们会努力地寻找一处完美的地方。这种寻找将把我们带向我们渊博的先辈所居住和那些能量强大的地方，在那里座落着一座座的野寺。

082　如何布置你的家居

环境中的能量

水中所蕴含的能量

在风水学中，水有着相当重要的作用。它包含着生命活动中必不可少的元素，也是丰收的必要条件之一。海洋是生命进化的摇篮，我们身体的四分之三都是由水构成的，而水同样也能够以暴雨和洪水的方式给世界带来灾难。

人类都有亲水的习惯，水对于我们来说拥有极大的魅力。在风水学中，水象征财富，财富在一个群体中流通就如同水在大自然中流动一样。水会影响到宅中之气，以及其中居住者的气场。这种影响的因素很多，比如水的质量、流动方向，以及与住宅的相对位置等等。

若想要汲取水之灵气，增强生命活力，水本身必须没有污染，清洁澄澈。

海中的咸水阳性较强，而河、湖、溪流中的淡水则属阴性。如果你在海边居住，海水会赋予你精力与力量；如果你在河湖边居住，你则会感到平静、安宁。

水的流动

处于运动状态的水相对处于静止状态的水来说，更显阳性。正因如此，瀑布显阳，水池显阴。虽然是这样说，可是瀑布使水沉积在底部的凹地处，也可以使其显阴性，而不断喷涌的泉水则将能量不断向上运输，也可以使其显阳性。一条河道笔直、流量丰富的河流，比一条弯弯曲曲流淌的小溪更能集中阳气，这种作用会使你的宅中之气的流通更加迅速，使你感觉到清爽洁净、生机勃勃。

属阴之水会让气的流通更加和缓安宁，储水池或是水库就有这种功效，但也有可能造成气流淤积滞留。如果能在静水中养殖一些水生植物或动物，气的滞留问题便可得到解决。

静水池塘由于水流缓慢，残渣废物的扩散时间相对更长，所以比山林中的湍急溪流更易受到污染。

如果有河床是冲向家门方向，那么会使家中充满活力。但是如果水流方向相反，那么水也会从家中带走活力，甚至可以体会到金钱在手中流失。如果流量较大的河床冲向家门方向，会产生锐气的效果。

水的方向

水和住宅中心位置的相互关系决定着水发挥的作用。在家中挂一幅八卦图可以观测周围的水的流动方向，如果发现了不利的情况，可以试着调整属于五行的元素，以达到和谐之境。

东南：吉利

东南方向的水流会增强木之能量，推动沟通交流，激发创造力，促进和谐发展。

南：不吉

南方属火，难以和水和谐共生。这种环境可能使你成为法律诉讼的对象，你会失去良好的名声，或者遭遇疾病。

解决办法：在住宅和水流之间种植一些树木以增强木之能量。

西南：不吉

此方的土之能量会削减水之能量。在东方医学中，水之能量与肾脏有关，而肾脏被认为是人体能量的源泉。如果肾脏受到损伤，人就很可能会生病。

解决办法：在西南方和西北方增强金之能量。

环境中的能量

东：吉利

东方承载着木之能量，而木需要水的滋养。木与水的结合会让你在生活中、工作中动力十足，并会推动你实现自己的梦想。

西：不吉

西方带有金之能量，正好水会消耗这一能量。你可能面临经济困难的窘境，在恋爱婚姻上也不太顺利，难以找到理想的另一半。

解决办法：在西北方向增强金与土之能量。可在住宅与水流之间用土堆起一座假山，然后在上面放置一块黑色石头。

东北：不吉

这是很不吉利的一个方位，因为土之能量会削减水之能量。东北方的气场的动向非常难以预测，湍急的水流会引发你的不安定感，可能促成改变。

解决方法：增强金之能量。可在住宅与水流之间放置铁质的圆形器物，或者红色的物件也不错。如果找不到合适的铁质器物，其他金属材质的物品可以作为替代物。

北：不吉

北方的水比较中性，但这并不是说它就是一个理想的方位。北方的气场比较幽冷，偏于静态，很容易使宅中潮湿，你很可能会因此患病。

解决方法：在住宅和水流之间种植高大树木。树根会

水在结晶的过程中，因为温度的关系，在某一个时刻水滴会变成类似中国汉字的样子。

吸收水分，也就吸收了水之能量。

西北：不吉

西北方向上金的能量容易被水耗竭。你可能会感到自己被生活耍得团团转，不知如何有效的控制它。

解决方法：增强东北方金之能量。可在住宅与水流之间放置镀金或镀金器物。

住宅中的水

在风水学中，水与人体的关系非常紧密，从而在住宅当中的地位也至关重要。住宅中的水，可以起到更新能量的作用，非常有利于健康，让生活充满活力。在住宅中置一些水吧，哪怕只是一只小小的鱼缸，不知不觉中，你就会看到水为我们带来的好处。但有一点需要注意，那就是要让水保持清洁和流动，使之成为活水，远离污染。放置水的方位，最好是在住宅的东面或者西面，其他方位并不理想。

对于中国家庭来讲，住宅中最常出现的水的形式就是鱼缸了。在风水学中，鱼缸能够使住宅更有活力，使住宅内的能量更加积极，因为水是生命之源，而鱼缸里的水因有生命的存在而更有意义。同样的，要保持鱼缸内的水质清新，勤换水，防污染，这些是最基本的常识。鱼缸里面鱼的数量和颜色也会对住宅产生一定的影响。鱼缸的理想放置位置包括：住宅入口、卧室靠里面的位置、门的左边。

水，就像是鲜活的大自然，会产生声和光。语言是无法描述出水的能量结构的。

环境中的能量

花园中的能量

自古以来,花园在住宅中可以起到保卫、积累财富、装饰的作用。我们前面提到过,住宅的周边环境直接地反映了住宅的内部状态,所以,对于一座院落来讲,花园是十分重要的。通过花园,我们可以抵御围绕在住宅附近的消极能量。

花园中不同区域的设计在大原则上要符合风水学的要求。应该在花园中建立贴近自然的秩序,以创建和谐的环境。为了能够到达激发灵感和专注的目的,最好设置一个小的区域,将住宅和花园连通。在花园中肥沃的土地上,可以种植蔬菜、灌木等一些植物。这样,和谐的、亲近自然的居住环境就被创设出来了。

花园中的路面被认为是对肥沃土地的阉割，或者是能量流动的阻碍。

花园中也应该遵循八卦的原理。比如，在北方，玄武之位，应该修筑足够的高度形成花园的靠山，以起保护作用。

同理，其他方位一如前文。

在花园中，"中心"位置习惯上修建一处几何形状的喷泉。无论是圆形的，还是方形的、八边形的等等，都可以让花园有种平衡、比例协调、稳固和美丽的感觉。

如果实在不可能在那里设计一处喷泉，可以用树、灌木、呈各种几何形状的瓷砖，或者佛教中的曼荼罗坛来装饰，设计的复杂或者简单就依设计者的喜好了。

花园中的元素搭配应该适宜，以便其为我们产生有利的能量。多放些石头，虽然会使花园中的生物变得很强壮，但是却不能让我们得到放松和感到舒适。

这些石头的表面最好是被藓类植物或者藤类植物覆盖，比如常春藤、鼠尾草属植物、石莲花、田旋花、狗牙根，以防石头的强硬之气直接伤及我们。这些裸露石头的影响，在某些情况下是石头本身的放射性。我们要知道，在大自然中石头通常是被埋在地下的，由于土地表面受到侵蚀，石头才最终露出地表。尽管这只是普通的自然现象，可这并不能减弱石头的破坏性。

在花园中不建议用石板之类的物品将土地封闭起来，这样会让土地不容易吸收空气，并且杜绝种植体表过于坚硬且不结实的植株。如果使用了石板之类的物品的话，也只能将其做为花园中的小径。

环境中的能量

How to Decorate **Your House** 089

方位之探讨

八方

在风水学中，在诊断某种情况的时候通常会用到八方（东、南、西、北、东南、东北、西南、西北）和中心这两个概念。八方和中心一起构成了一种情形或者一处住宅的基础。应用这些工具，就可以指明某空间，或者弄清楚某空间发生了什么状况。

东、南、西、北、东南、东北、西南、西北这些术语并不单单指土地的地磁方向，同时也具有的其自身的象征意义。北方，就代表了一种可以流转在任何地方的能量，它具有的相对应的含义：指的是在某地点、物体、人或现象后面的部分。清楚了这些概念我们就能随时清楚这些术语的所指：磁场的北、象征层面的北、能量层面的北。

- **小贴士　八方**

即使在现代，我们也应该接受和了解从古代就开始沿用的，用来理解和月亮的循环有关的时间变化的八方，以此来认知四时，调节身体，观察效用。我们的住宅恰恰就是被这些变化和循环影响着，无论是积极的还是消极的。

- **小贴士　能量的四季**

- 春（生）：符合出生和成长的过程。
- 夏（昌）：符合发展和繁茂的过程。
- 秋（寿）：符合集中和成熟的过程。
- 冬（藏）：符合蓄积和储存的过程。

星之位、日月的运动决定了季节的分明。

方位之探讨

四圣兽所代表的方位

玄武——北

玄武，代表北方。这种圣兽是以山的形式存在的，但并不是那种高峻、险要、石头嶙峋的形态很极端的山峰。它很和缓，是以一个并不陡峭的坡延伸至住宅的。这些山应该坐落于北方，从而可使住宅免受冷气的侵袭。其通常处于一个地点的后方，具有圆型的山顶，属土和属木。

朱雀——南

朱雀，代表南方。其通常处于住宅的前方很远处，有绵延的群山，形成类似祭台的景象，视野比较开阔。这种地势是十分理想的，它控制着朝向住宅的能量。

● 在某些地方，四种圣兽的保护作用是可以辨认出来的。当缺乏这些圣兽时，致病的能量就会变成疾病的源泉。

有知识的人可以坐在蚂蚁穴旁边，但是只有无知的人才会坐在那里。

青龙——东

青龙，代表东方。这种位于左方的保护力量通常是一道又高又长的屏障，但是不应该是石头的。这种高而长的理想表现形式是像一个胳膊在环抱着一个地方。

白虎——西

白虎，代表西方。其在某地的右侧防护具有摧毁性质的能量，比青龙更加绵延、温柔，但是同样可以是较高、延伸较远的山脉。如果青龙和白虎能在环抱的某处遇合，这种地势是很理想的。

外国文化中有关方位的知识

瑜伽

在印度文化中有一种类似于风水学的方法，叫做瑜伽。这个体系相对于风水有一些变化，但是从根本上来讲是一致的。代表土地的瓦斯杜·普鲁莎，可以滋养植物的根部。这等同于"居于土"，还要追溯到吠陀的传统。这和佛教中宇宙的发展具有很大的相似之处，也有着很丰富的象征意义。在这个体系中包括十个方向，除了中国风水学里涉及到的八方以外，还包括了天底和天顶两个方位。学习古印

方位之探讨

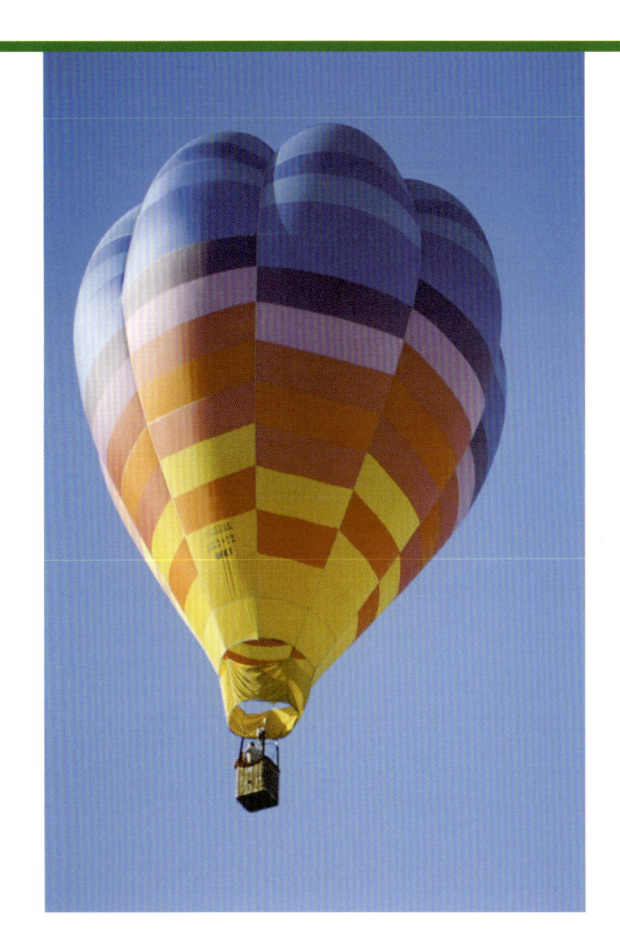

风之玫瑰

在西方的文明中，有风之玫瑰。这并不是什么神秘的东西，只是方位的图像和风的运动。我们可以看到，起初空间中方位变化的现象和所有关于人的事物相关。人们从未停止对好方位的寻找，从而给自己带来运气、健康、幸福、神明的保佑和星宿的祝福。

八风

其是与每一种卦象和元素相关的地理或磁场方位，代表了住宅中的生物节奏和能量。来自八种不同方位的风有着不同的属性，它们的影响各有利弊。

孱弱之气就可以来自于八方。

最主要的八个点加上中心地区，代表了全世界的活力或者力量。

人情绪的变化就和八风的变化有相似之处。

度的这种巴斯图文化后，我们能确定，这和风水学是相同的。因为尽管它们分属于不同的哲学，有着各地不同的能量特征，但是它们有着相同的基础。

对于方位的理解

北——冬季——玄武

北方,或者说北风是产生一切的能量之源,代表滋阴、黑暗、内涵深邃、冬季、寒冷。同样,它也是生长的能量。这个方位能够推动可贮藏的能量,并为能量增添隐藏的、神秘的、沉睡的、营养的、善良的特质,能够让住宅的角落也得到滋养。

东——春季——青龙

东方,或者说东风是春的能量,是阳之起源,感觉和灵感蓬勃地发展和扩展开来。它可以控制精力、生命力的生长,等同于发展、繁盛、保护、文明、智慧、善良,可以使人的勇气得到鼓舞。

南——夏季——朱雀

南是控制生命力发展的方位,阳在这里高度集中,有助于开心、运气、名望、财富、幸福、光明、希望,可以养心。凤凰是可以在其身体的灰烬中重生的一种鸟,代表了机会和运气。在古埃及,人们崇拜凤凰,其代表日出日落。

西——秋季——白虎

秋天叶子的飘落代表阴的开始,能量开始聚集并向内部进入,产生消极性,感觉位于内部,并产生沉思。西属于一种凝结的能量,可以促生战争、力量、暴怒、意外、威胁、暴力,可以养肺。

方位之探讨

● **小贴士　仪式**

仪式是一种在各种文明中都不断重复的一种传统，其共同的一点就是向大自然祈祷其慷慨的赠与，可以有节日仪式、出生仪式、追悼仪式、欢迎仪式、丰收仪式、结婚仪式等等。有一种日常仪式在各种文明中都会进行。这种仪式在这一天中气的至刚之时——中午进行，在西方文明中把其叫做安赫鲁斯时间。

有一种仪式在清晨之前进行，用以感谢神开始了新的一天。

圣诞节的庆祝日期恰好和冬至的日子相吻合，阿拉伯国家此时进行斋月。

在春天，会举行圣周。在夏季，会迎来圣胡安日，这一天刚好是在夏至这一天。

发生与住宅有关的下列事项时均可以举行仪式：

- 住宅第一块石头的摆放。
- 劳动开始的奠基。
- 洒水。
- 主门的安装和摆放。
- 新住宅竣工的落成庆典。
- 远游回家。
- 进入修理过的住宅。
- 清洁住宅。
- 祝福。
- 在住宅中放置某种具有保护作用的圣物。

住宅的能量

人与住宅的关系

人影响住宅中的能量

正如我们所知,能量是各种各样的。当住宅朝向一个十分不利的方位时,我们不太可能改变住宅中的能量,因为这种不利的能量会不断地回归到住宅当中。但是在某些具体的方面,更改其中的某些部分也不是不可能。比如,在一座居住过一个长期患病的人的住宅,能量就会形成滞留状态,但是我们可以完全地清除它。

人应和住宅友好相处

当我们搬入新家的时候,保持一种十分谦逊的状态十分重要。我们应该请求能够住在这里的权限,并对其能够保护我们而心怀感恩,然后对房屋进行清洁、整理、修补、改善,并尝试了解它。购买一座住宅并不意味着你就是它的主人,这座房子从能量上来讲,是属于创造它的人的。可是现在,我们总是标榜对住宅的所有权,以为有权限对住宅进行随意的拆建。现在有一种普遍的现象，房屋的所有者随意地拆和修建住宅的隔墙，不久之后又把房子卖给另外的人，买房的人又任性随意地拆和修改住宅，然后再把它卖掉。这对一座住宅来讲，是有百害而无一利的。

如果我们将住宅看作一个正常的人，我们就可以很容易地想到这样的情况：住户入住，开始破坏房子的能量，然后离开，接下来入住的人又重复着这样的事情。这对住宅是不尊敬的、不友好的。我们应该把住宅看作有生命的人，尊敬他，善待他，与它友好相处。

并不是只有风水学专家才可以保证住宅的健康，住宅中的住户才是能量正常流动的保证。

住宅的能量

● **小贴士　土地的形状**

天空覆盖于上，土地支撑于下，所有的生物、非物都在二者之间。这其中最有价值的，就是人。

小块的土地并不是一直遵循着土地的一些性质。不规则形状的土地会产生和改变一些自身的活动，而其自身的形状又会影响到能量的流动。

和谐的土地形状有：正方形、长方形、圆形、八边形，甚至一些"L"形区域。

不和谐的土地形状有：三角形、菱形、五边形、梯形、其他的不规则形状。

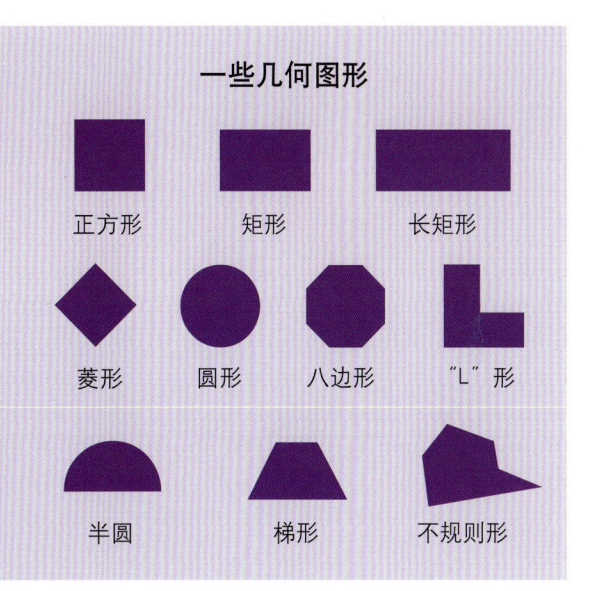

一些几何图形

正方形	矩形	长矩形
菱形	圆形	八边形	"L"形
半圆	梯形	不规则形

● **小贴士　地基**

在建造住宅的时候一定要考虑地基的状况，也就是说，能量在土地中的运动。这些地上的能量有它们的阴阳循环，如上升、下落，然后消亡。因此，在何时对建造中的住宅进行封顶、锁住里面的能量就显得十分重要。这些循环每年都被九星统治着，每年变换一次。要知道，九星当中并非全部星宿都是有利的。通过这种方式，我们就可以预测和观察到，有些地方在产生着不良的影响。天空是阳，土地是阴，根据古书记载，在土地中循环的能量是被"地之精神"所统治，而在天空中流转的能量是被"天之精神"所掌控。

在地基中能量流转的主要方式、建筑外观和面对的星宿，共同决定了一个地方的和谐程度。由前面而来的能量远比从后面来的能量更有扩张性。如果面对的星宿是消极的，它的影响就会深入住宅。所以，那些有统治作用的星宿，提供了影响住宅内部的基础能量。

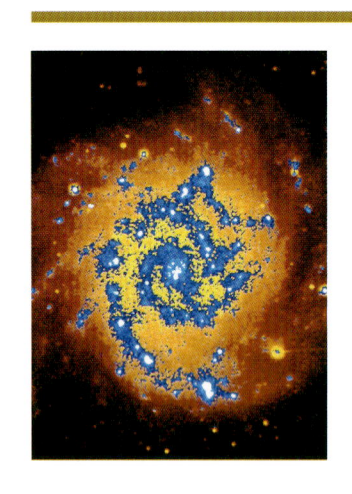

不一定非得通过窗子看天空，因为天空就在人的心里。

102 如何布置你的家居

住宅的能量

房子是有灵魂的

所有的房屋都有生命，它的造物主在创建的时候就赋予了它生命。房子的外观在其周围创建了一个具体的能量场，数字比例创建了其他的自然能量，而所在地的环境又将具体的性格赋予了住宅。当我们进入一座住宅时，通常我们就能够体会到这种能量是什么样子的。如此，就知道这座住宅是不是我们所需要的。很多人，在进入一座住宅时，接受到了一种很强的吸引着他们的能量。他们会因此很快买下这座住宅，因为他们被这座住宅的灵魂打动了。

在此居住一段时间以后，开始更清晰透彻地了解到这种能量造成的结果，慢慢会发现使你惊奇的东西并不是最令你喜欢的，这是因为你还没有完全理解

通常，外观会欺骗我们，所以我们需要花费更多时间来知道一座住宅究竟如何。

住宅的灵魂和根本。

在一座住宅被设计的时候，就被赋予了一些应该完成的期许，很可能这些固有的期许在我们身上并不适用。

利用风水系统，就可以确定住宅的哪些特点、性格、灵魂是更有利于我们的，就可以揭示能量是在何种状态下运动。如果应用阴阳的原则，我们将会明白，为什么第一印象并不准确。

如果我们本身的状态属阴，那么当我们进入一所属阳的房屋时，自然就会被其吸引，因为房屋此时正在极化和吸引着我们。但是，如果我们长年在一个性质十分偏阳的住宅中居住，会发生什么呢？我们将会遇到过剩的阳性能量，也就是说，处于平衡的另一个极端。此时，我们需要更加偏阴的能量来进行补充，以求达到平衡。如果缺乏而得不到补充，我们就会失衡和生病。

择房时永远不应相信第一感觉，即使它使你感到欣喜。这种感觉是不确定的，也是不牢靠的，入住后这些感觉可能会完全发生改变。可以说，第一印象缺少客观性，因为第一印象只是能量吸引所造成的。比如，墙很宽的住宅在夏天是很凉爽的，如果我们恰逢夏季进入这样的住宅，就会感到十分的舒适，可是如果冬天进入，温度低得会让我们彻底失望。

住宅的能量

● 住宅，和人一样，传达着一种能量的信息。但是，很多时候这种信息无法解释，也无法更深入地认识。

● 小贴士　中国命理学相关介绍

九宫之数是创造秘密进程的永恒原则的代表和象征。九宫之数这门科学的理论基础是建立在人和人的生活之上的，而人和人的生活都和数学有着相当密切的联系。这种数学的原理不仅体现在人和人的生活上，也体现在宇宙万物上。我们可以从中列出各种数学的图表和各种数学的比例，比如音阶和毕达哥拉斯定理。

九宫之气的数字代表了到达银河当中的、被九宫极化的能量的流动。在到达太阳系之前，这股能量流会在进入银河系时受到某些新星的吸引。

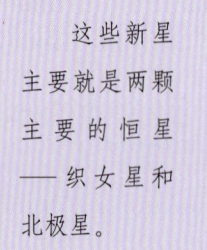

这些新星主要就是两颗主要的恒星——织女星和北极星。

北极星，伴随着动作、侵略性、雄性、阳刚的性质。

织女星，和月亮相关，是被动的、阴柔的，属阴。

人轮流感受织女星和北极星的力量，每一万两千年，北极星和织女星的能量就会交替。现在，我们正在北极星的影响之下。

银河系和太阳系的宇宙波，在经过大熊星座时被放大。

一旦能量进入太阳系，那些新的行星就同样会影响到它。

地球，接受土星的影响，而土星恰恰就是我们整个系统的准则和规律。

土星，九宫代表数字为5，是进入地球的能量的主宰者，每年都会产生变化。这个变化周期为九年。

进入地球的能量每一年都产生一种具体的特点。

中国命理学和洛书幻方一起，构成了风水学最重要的理论基础。

在这其中，所有的时间单位——年、月、日，甚至小时——都可以产生一个数字。每一个数字的位置都指出了一个方向。也就是说，每一个数字都来源于一种元素，代表着八卦的一个卦

住宅的能量

> 存在于上部的事物与存在于下部的事物是一致的。

埃及金字塔所对应的星

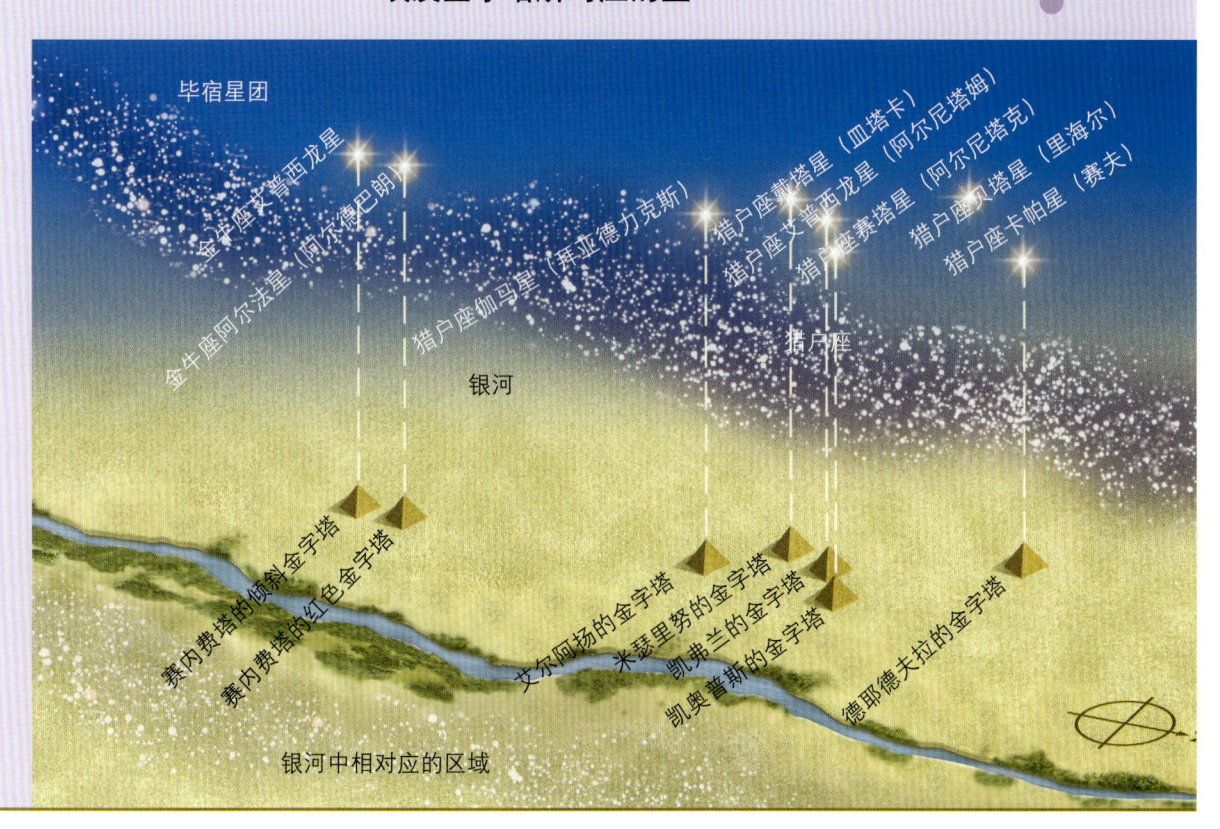

毕宿星团

金牛座阿尔法星（阿尔德巴朗）

猎户座伽马星（拜亚德力克斯）

猎户座戴塔星（血塔卡）

猎户座艾普西龙星（阿尔尼塔姆）

猎户座赛塔星（阿尔尼塔克）

猎户座顶塔星（里海尔）

猎户座卡帕星（赛夫）

猎户座

银河

赛内费塔的倾斜金字塔

赛内费塔的红色金字塔

艾尔阿扬的金字塔

米瑟里努的金字塔

凯弗兰的金字塔

凯奥普斯的金字塔

德耶德夫拉的金字塔

银河中相对应的区域

在东方和西方，很多根据宇宙理论、数字、星宿创造的东西，已经很好地融入了传统当中。

象。这样，通过寻找和每一个时辰相对应的数字，都会找到对应的方位和一个属于其自身的卦相。

在西方命理学中应用相同的体系，每一个复杂的数字都会对应着一个1到9之间的简单数字。这种和中国相同的命理学，是以对自然界的细致观察为基础的。

在中国命理学中，每一个数字的位置与其他数字的联系都有一种特定的含义，被用来分析和理解无数的现象，无论是人的健康、工作、财富，还是他的个人关系等。

无论是西方还是东方，都将关于宇宙的知识建立在数学理论的基础之上，从而解释万物的增长。即使不能很清晰地了解其间的关系，这种理论也是永远处在我们触手可及的范围之内。在西方文化当中，方法、方式与东方相比有些不同，可根本上是一致的。

字符和声音构成了语言，所有的一切语言都是通过能量的变化来完成的。尽管我们不知道，可是我们还是在频繁地使用它。

在学校中，我们首先学习的是字母、元音和辅音，然后就是数字和音节。所有的其他知识都源于这三者的结合，可是没有人告诉我们这三者的神秘的意义，我们也不知道某一首诗、某个词对于具体的每一个人是赞美和祝福，还是诅咒。从这里可知，不知道这些概念，就如对物质和能量的不了解一样，大多数时候对我们是不祥的。

住宅的能量

- **小贴士　洛书**

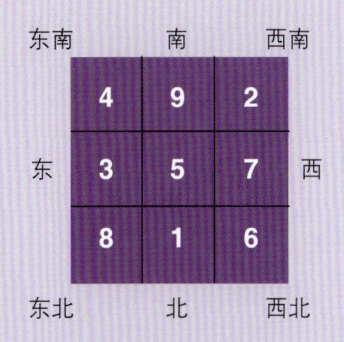

- **基础洛书幻方（九宫图）**：一个正方形，被分为九个相等的小正方形，这九个小正方形被叫作九宫。每一宫中都存在一个数字，九个数字代表了八卦的八种卦相和八卦中心，也就代表了八方和中心。

  这个魔方矩阵有这样的特性：无论是横、纵、对角线的三个数字相加，之和总是等于15。

  每个卦相都和宇宙家系中的一个成员相联系。

  在住宅的平面图上放置一幅九宫图，通过解读图纸，我们可以知道住宅中哪间房屋适合家庭中的哪个人。

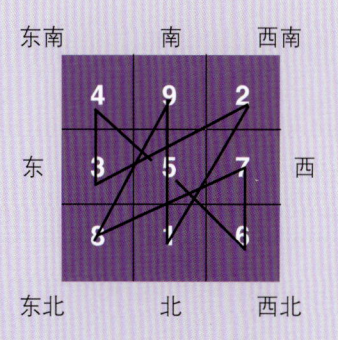

- **高段洛书**：高段洛书代表每年围绕住宅的星宿和九宫数字。九星的能量从九宫图中的数字1运动至数字9，根据能量的踪迹，形成了上图图示的轨迹。

- **低段洛书**：低段洛书展示了能量的阴性。

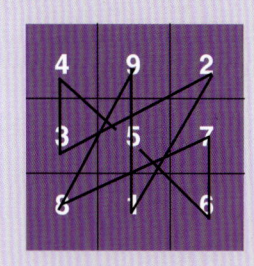

How to Decorate Your House

● **小贴士　宅中八卦**

宅中八卦每年都会产生变化，每个数字都会根据前面提到的轨迹进行，每十年完成一个循环，经历变化的全部过程。

八卦2006

	东南	南	西南
	2	7	9
东	1	3	5	西
	6	8	4
	东北	北	西北

八卦2007

	东南	南	西南
	1	6	8
东	9	2	4	西
	5	7	3
	东北	北	西北

上面是2006年和2007年两年的九宫图，从中可以看到你的数字在哪一个格子中。解读洛书中每一宫的内容我们会在以后提到。

八卦代表的随时间变化的位置转移构成了循环。小的时间循环包括小时、天、月份和年。这些小的时间循环又构成了大的时间循环，十年、二十年、六十年、一百年等等。这些循环不断重复，从不间断，也暗合了宇宙从不间断地拓展的规律。

中国的风水罗盘上可以显示宇宙中所有与天地有关的运动。运动和现象构成了空间和时间，正如古代文明给我们阐释的一样。

八卦的应用可以让我们准确地知道，何种能量正在朝向我们，何种能量正在背离我们，何时会发生何种变化。如此，我们就可以识今而预测未来。如果我们想与在某一时刻影响我们的能量相协调和呼应，应用八卦就是个方便和简单的事情了。

住宅的能量

● **小贴士　突角或缺角**

如果突角空间比九宫图中的每个格子的空间都小，则对幻方中的空间起到补充的作用。如果缺角的空间比九宫图中每个格子的面积都大，那么起到的作用和突角的作用相反。

突角和缺角

突角　　　　　　　　　　　　　缺角

为了确定在某个面积上的空间究竟是被补充的还是我们缺失的，我们应该将其放在幻方八卦上加以判断。而后，我们自然就可以知道，在何种方位，我们的空间得到了补充或者缺失。

一旦确定了空间是得到了补充还是遭到了缺失，我们就可以研究这个空间符合什么方位、卦相、数字等等，进而获得其含义。

上图就向我们展示了突角和缺角。在突角的情况下，突出部分的边长总是小于小正方形的边，在缺角的情况下，边长情况相反，所缺失空间的边长要大于小正方形的边长。

那么，如何确定突角和缺角呢？首先，在图纸上画一个八卦幻方，画好九宫。接下来，标记缺少的空间。如果空间中的某些部分在九宫图的外部，那么这些空间就是超出的空间。如果我们看到主体以外的部分是较大的话，就是缺角，如果较小的话，就是突角。就如上图所展示的那样。

● **小贴士　突缺角的效用**

　　八卦空间中缺少的那部分，意味着我们的住宅缺少那些符合星宿、卦相、方位等的能量，那些突出的部分则意味着我们生活中或者住宅中的一种能量的增长。

方位、星宿、数字等突缺所造成的影响

方位信息	九宫图	影响
北 九宫之数 1 黑色 水	4　9　2 3　5　7 8 **1** 6	缺：以能力、活力、速度、竞争的眼光去看待事情。 代表中男
东北 九宫之数 8 山 黄色	4　9　2 3　5　7 **8** 1　6	缺：变化和撒裂之气、速度、自我激励、继承、工作的愿望、直率而机敏的小儿子。 代表少男
东 九宫之数 3 雷 祖母绿	4　9　2 **3** 5　7 8　1　6	缺：志向、理想的实现、实践精神、速度、自信、对细节的注意。 代表长子
东南 九宫之数 4 风 暗绿色	**4** 9　2 3　5　7 8　1　6	缺：活力、创造力、艺术修养、运动、轻巧、承诺、关系、力量、成长和善良。 代表长女

住宅的能量

南
九宫之数 9
火
红

4	**9**	2
3	5	7
8	1	6

缺：才智、力量、激情、品质、对他人的认知、倾羡、职业或社会环境中的成功、外向、人品。
代表中女

西南
九宫之数 2
土
黑

4	9	**2**
3	5	7
8	1	6

缺：稳定、家庭和谐、前进的能力、韧性、爱、温柔、耐心、对他人的容忍、感性、阴柔、丰富的成果。
代表母亲

西
九宫之数 7
湖、海洋
铜棕色

4	9	2
3	5	**7**
8	1	6

缺：力量、领导力、魄力、良好的经济状况、收获成果和力量、深度思考、果断、活跃、杰出。
代表小女儿

西北
九宫之数 6
天空
白色、银白色

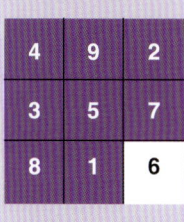

4	9	2
3	5	7
8	1	**6**

缺：领导能力、组织和筹划能力、成为任何事情的中流砥柱的能力、男子气概、庄重、渊博、前瞻性、为父之道、尊敬和权威。
代表父亲

中心
九宫之数 5
黄

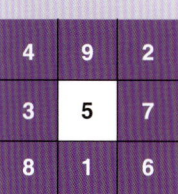

4	9	2
3	**5**	7
8	1	6

缺：领导力、保护能力、现实的眼光。

● 小贴士　基础洛书幻方格子的属性及其蕴含的意义

木 好运 愉快地远行	火 运气 开心 幸福	土 问题 坏运气 乏味的爱
木 健康 开心 荣耀	土 住宅或工作的变动 资金困难 事故或抢劫	金 钱 所有事情都有好运 爱
土 不幸 疾病 死亡	水 忧郁 平和 宁静	金 运气 生意兴旺 健康状况好转

住宅的能量

数字和元素

数字和元素的关系,建立在洛书幻方中位置联系的基础上。比如,一个人所属的数字为1,这就和北方相关且五行属水,于是他将被这种元素的特点影响,可能和属于数字9的、五行属火的人不能相容。

通过洛书五行幻方,我们可以清晰地看到,数字之间的两个基础的关系周期:

创生周期,一种元素产生另一种元素。

毁灭周期或控制周期,能量跟随着另一位不同的主人,甚至和原来的状态完全背离。这种运动表达了元素毁灭然后进行重生的形式。

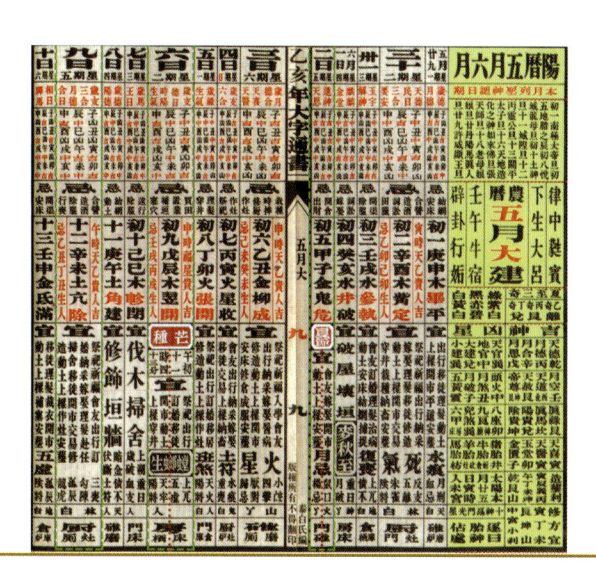

这两种周期经常改变,伴随着产生较大的能量或季节周期。借助这些周期,八卦幻方中的每一个数字都会在一年内通过住宅或者宫殿,由阴变阳。

● 方位、朝向和我们个人的数字一起，帮助我们选择最有利于我们自己的地方。

数字的含义

九宫数字构成了宇宙家系。

数字1、3、6、8是男性数字，属阳。他们的基本特点是很主动、具有首创精神、好斗、咄咄逼人。

数字2、4、7、9是女性数字，属阴，被赋予了被动、外向、活泼、感性的特点。

我们下面将提到每个数字的特点，在平衡的状态下其都唯一确定地符合某种人格特点或者能力。

数字1，五行属水

其在宇宙家系中代表中男。它的卦象包含了上面的一条阴线和底部的两条阳线，它具有流动的、被动的、易适应的特点，外柔内刚，是在内心深处包含了内在力量的冬季。生命力被隐藏在其虚弱的外表之下，被雪藏的种子总有一天会成为参天大树。其就像哲学家那样具有极强的理解能力和抽象能力，只有把握现象的本质才能使其发展，理解不可见的世界。

数字2，五行属土

其在宇宙家系中代表母亲，卦象是三条阴线。这些人感性、宽容、耐心、温柔、专注，但缺乏强壮和坚固。

数字3，五行属木

其在宇宙家系中代表大儿子，是春之能量的唤起者，代表重生。它的卦象是由两条阴线和一条在底部的阳线构成。

这种卦象赋予了它冲动的特点和不可抑制的成长动力，它是一种在持续增长的能量，和大自然的关系十分紧密，具有如同枝头新生之芽的力量。

数字4，五行属木

其在宇宙家系中代表长女，表现为风，具有春季扩展性的能量，但是这种能量在被动的基础之上被控制住了，很温和柔顺。其具有强大的精神力量和情感力量，因此很有影响力，也就是说可以传递自身的力量给别人，从而影响他们；具有首创精神。通常她的身躯并不能承受其意识力量的冲击，所以要经常蓄积生理能量，同时应该意识到自身的脆弱一面。

数字5，五行属土

其代表一切事物的内心，自身没有任何卦象，但是在某些场合下会接受数字2和数字8的人格特点，也可以被数字0代表。它没有起始没有终结，时刻处于变化之中。尽管总是依靠别人，可这并不妨碍其具有自身的完满特质。

数字5被认为是善变的，因为总是在接受处于自己面前的别人的人格特点，是两性人。

新循环的阳性能量开始于春季，在夏季变得最强，而后在秋季收缩、变阴。

住宅的能量

数字6，五行属金

其在宇宙家系中代表父亲。同时，它也代表天空的力量，卦象是三条阳线。这些人有强烈的道德感、伟岸的身躯、敏锐的直觉；十分虔诚、理想主义、正派、直率，堪称道德上的楷模；具有十分强大和稳固的能量，但是缺少敏感和感性；处事十分真诚、简单，并情感真挚；是天生的领导者，可以以之为榜样来改变生活。

数字7，五行属金

其在宇宙家系中代表最小的女儿，代表形象是湖。湖有固定的底部和流动的表面，故其对于所有属于精神层面的事物都十分敏感和感性，在接受、思考、沉着方面有着超越其父亲的能力。其将自己埋藏得很深，很强调激情，有社交的欲望，在注视、活力和情感力量中寻找平衡。

数字8，五行属土

其在宇宙家系中代表最小的儿子，具有山的力量。它的卦象最上面为阳线，这赋予了其强大的精神力量，即使被侵犯，也能够保持冷静和无动于衷，是安静、沉稳、慢性子、不好动的人；底部是两条阴线，这就促使了其内心的柔弱。这种内心状态被隐藏在强壮的外面之下，不易被人察觉。他是看上去十分强壮，却不知如何表达内心的细腻感情的人，很强势、固执，需要情感上的支持。就像初春来临时的冰，其具有改革气质。

数字9，五行属火

其在宇宙家系中代表中女，同时也象征夏至。其性格十分开放，看上去充满活力，具有决心和毅力，十分直率、聪颖、耀眼。在所有数字当中，最引人注目的就是五行属火的数字9。其在情感层面略显软弱，有克制情感的倾向，这被归咎于外表。

这类人看待事物和符合数字1的人相反。在东方哲学中，据说太阳是一切生命的源头，但是同样也被认为是盲目和无知的原因。其看待事物的方式十分简单，伴随着思想和形体的力量。

住宅的能量

在住宅中实现的运动,会建立起一个为期十年的周期。每个十年当中我们都有机会经历能量所有可能的变化情形,因此,了解住宅每一年能量的特点,研究能量特点和我们自身的关系就显得十分重要。

深入地学习每个数字的内在人格特征,对比不同住宅之间最根本最基础的特性是最重要的事情。当我们做过了一番分析之后,融合这两者的分析结果,我们将得到更为完整、具体、详尽的报表。由此,我们能够知道,在我们身边究竟发生着什么。

每一年都有一个星宿在主宰着它,这个星宿就坐落在九宫当中的某一处。

每间住宅都与其原始数字共享着近乎相同的基础特性,代表着每一年我们应该承担的运势、因果,每处住宅都能够使你从本质上研究你的生活。

住宅第一年

阳性。在住宅的此种影响下,我们将体验到更多的专注、更强的力量和更多的活力。

此时是一个计划和筹备下一个十年的很好的时机。这是一颗在未来会结出果实的种子,我们应该悉心看护,将其认真种下。

在夏季,阳光会达到其一年之中最强的程度,开始向全部的自然生物扩散。在中国文化中,太阳代表帝王,等同于人最重要的器官——心脏,与灵魂和激情相联系。也就是说,太阳将所有的生物都联系在了一起。

住宅的能量

- 天空通过它的反射作用，和土地进行交合。

How to Decorate **Your House**   121

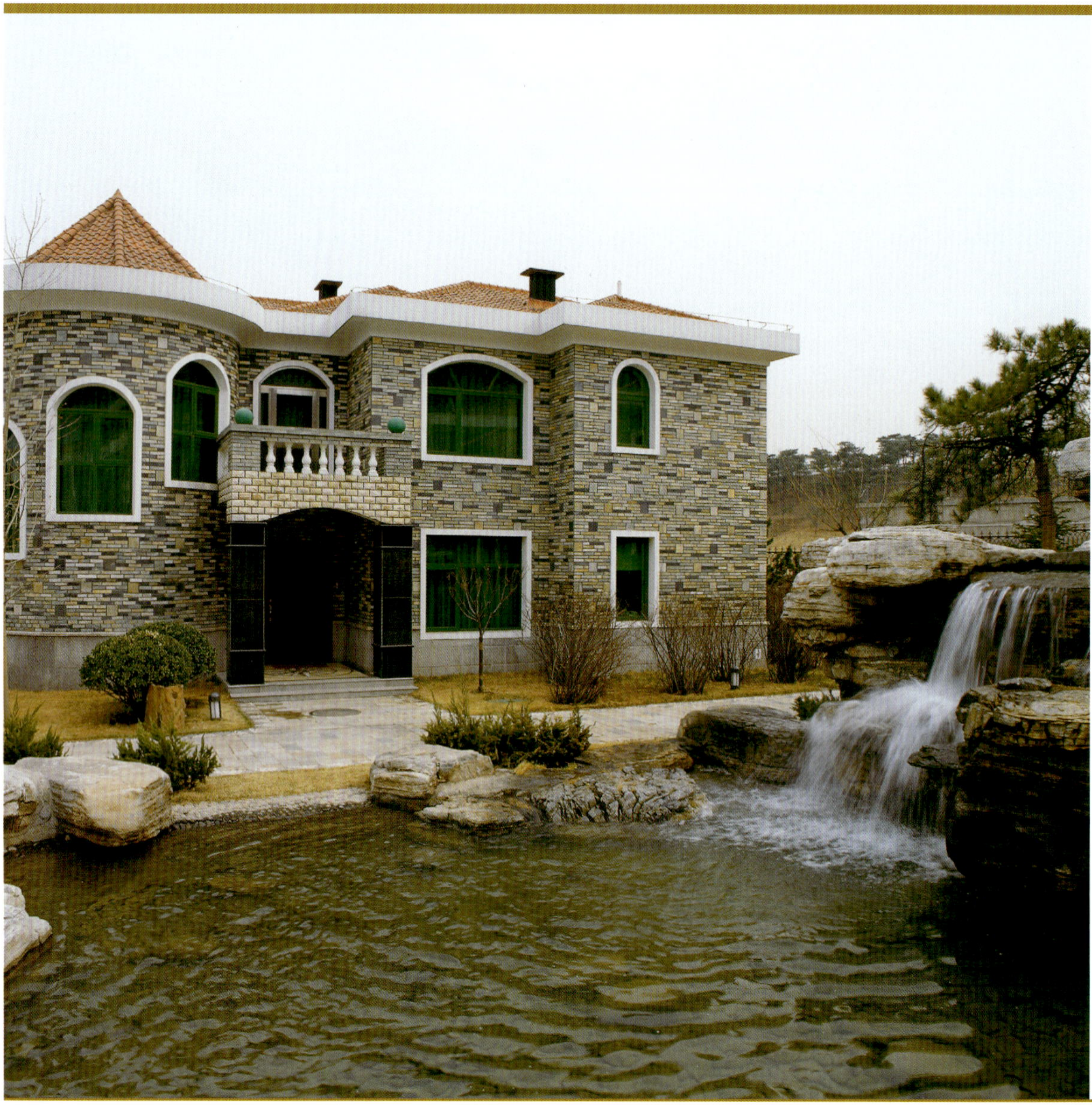

住宅的能量

住宅第二年

阴性。这是夏天的尾房。当在农业的周期中，能量重新开始蓄积以期获得丰收。这是一个十分优越的时期，适合收集我们生活中有价值的事物，取其精华去其糟粕，也很适合取出家中的旧物进行整理，赶一下潮流，梳理一下生活，让生活恢复秩序。这一年也是一个物质的时期，没有强求，只有接受，应该趁这个时候，走出去，结交朋友。人们可以在这个时候洗刷污点，拥有新事物新朋友，让自己面貌一新。这是一个丰收的储蓄期。

住宅第三年

阳性。大自然在此时通过重生或者新生进行自我更新，具有春天到来时的能量。这样的时期激励人进取，可以考虑换个工作，进入一家新的公司；有丰富的推动力、攻击性和力量，可以运动、远足。此时进行变化，所有的一切都会被更新。

住宅第四年

阴性。此时代表暮春，能量得到提升、

安置和具体化为不同的形式。此时有可能会更换住址，有可能会有社交成果，也有可能在某些环境中产生影响，在这些事情上具有高度的聪慧和完美。情感上努力减少妨碍，可能会有身体上的伤害。这是用来开拓未来物质生活的住宅，最好做一份出色的计划。此时做好承受压力的准备，有忘恩负义的动向。

住宅第五年

这是内部转化、结构调整和增长的关键过渡时期，是一个人进入稳定状态的重要阶段。此时应该集中精力做事情，积累经验，是由和平到战争的中间时区，属于暴风雨前的短暂寂静。

住宅第六年

阳性。这是处于秋末和冬初之间的一段时间，在这个阶段，冷空气会吹过湖面。这种住宅会增添住在其中的人的感性情怀和敏感，同样也会增强他们的责任感。计划好接下来你要做的事情和进行的变动，以便达到你中长期的目标。这种住宅十分坚固，是经过十分艰辛的努力之后才建成的，固若金汤，规划十分合理，其厚度可以经受住各种考验。居住在此住宅的人深居简出，有作领导的趋势和控制他人的可能，具有行动的决心。这种住宅会让人表现出十分阳刚的一面。

> 能量在九宫当中运动，为我们提供了各种各样的变化、财富、我们所需的经验。这些东西贯穿于我们整个生命。

住宅的能量

阴阳的融合是最完美的平衡。

● 有一些能量或者季节对我们来说更为诱人，也让我们感到了更多的幸福感。

住宅的能量

住宅第七年

阴性。此时代表秋天，是收获果实之时、丰收之日，是庆祝繁荣的时候。在这样的时光中，朋友们都会聚在一起，放松身心，享受生活。在这个季节，人们会收获努力所带来的成果。这一年是用来享受、娱乐、寻找乐趣的。可以在这一年丰富你的精神世界，写一写日记，体味一下大自然，和朋友们共度美好时光，享受人生。

住宅第八年

阴性。在这个时候，你的总结可能会改变你所有的看法。在这种情形下，你总会有些事情或看法发生变化，所以在这个变化的形势需要进行选择。你所做出的选择将会对接下来的九年产生直接影响。在这一年可能会缺少沟通，你可以完全打破你之前陈旧的想法，在你的内心开展一场心灵的革命。这有些类似已经开始萌发却被破坏的种子。这一年不适合用来交朋友，你只需要真正意义上地认识你已有的朋友就足够了。

住宅第九年

阴性，属于夏天的能量，热情奔放，闪耀着巨大的热量，并向各个方位发散。你在这个周期中前几年所寻找的东西，都可以在这里遇到。你可能被一种极快的方式推向很高的高度。积累你的声望，你会感觉到热血沸腾的新生。

在这个时期，你甚至可以实现曾经想做却没有做到的梦想或事情，会偶遇很多现实的却过眼即逝的事情，生活节奏和生活关系会变得十分紧凑。在众多的可能面前，你绝不会错失良机。

● 小贴士　如何找到属于你的数字

五行	象征	颜色	数字										
水	水	白	1	1927 2月5日	1936 2月5日	1945 2月5日	1954 2月4日	1963 2月4日	1972 2月5日	1981 2月4日	1990 2月4日	1999 2月4日	2008 2月4日	2017 2月3日
土	土地	黑	2	1926 2月4日	1935 2月5日	1944 2月5日	1953 2月4日	1962 2月4日	1971 2月4日	1980 2月4日	1989 2月4日	1998 2月4日	2007 2月4日	2016 2月5日
木	雷	绿	3	1925 2月4日	1934 2月4日	1943 2月4日	1952 2月5日	1961 2月4日	1970 2月4日	1979 2月4日	1988 2月4日	1997 2月4日	2006 2月4日	2015 2月4日
木	风	蓝	4	1924 2月5日	1933 2月4日	1942 2月4日	1951 2月4日	1960 2月5日	1969 2月4日	1978 2月4日	1987 2月4日	1996 2月4日	2005 2月4日	2014 2月4日
土		黄	5	1923 2月5日	1932 2月5日	1941 2月4日	1950 2月4日	1959 2月4日	1968 2月5日	1977 2月4日	1986 2月4日	1995 2月4日	2004 2月4日	2013 2月3日
金	天空	浅绿	6	1922 2月4日	1931 2月5日	1940 2月5日	1949 2月4日	1958 2月4日	1967 2月4日	1976 2月4日	1985 2月4日	1994 2月4日	2003 2月4日	2012 2月4日
金	湖	橙	7	1921 2月5日	1930 2月4日	1939 2月5日	1948 2月5日	1957 2月4日	1966 2月4日	1975 2月4日	1984 2月4日	1993 2月4日	2002 2月4日	2011 2月4日
土	山	浅黄	8	1920 2月5日	1929 2月4日	1938 2月4日	1947 2月5日	1956 2月4日	1965 2月4日	1974 2月4日	1983 2月4日	1992 2月4日	2001 2月4日	2010 2月4日
火	火	橙红	9	1919 2月5日	1928 2月5日	1937 2月4日	1946 2月4日	1955 2月4日	1964 2月5日	1973 2月4日	1982 2月4日	1991 2月4日	2000 2月4日	2009 2月3日

你的个人数字

根据西方历法，一年开始于这一年的1月1日，但是对于东方哲学或者是九星学来说，一年的开始永远是在2月，在2月4日到2月10日之间。东方历法中不存在确定的某一天，这和西方历法十分不同。因为一年的起始在于星宿的周期，并且每一年都有几天的变化。但无论如何变化，这些日期总是能准确地符合能量上升的时刻和春天开始的时刻。当代，一年开始的准确日期被认为是因季节的不同而变化的，但是习惯上发生在2月3日到2月8日。

为了能够在九星系统之中定位你的数字位置，需要找出你的生辰。比如，你是1950年1月出生的，根据一年的开端在2月这个原理，你的数字属于1949年的最后一个月，数字为6（具体内容参见"如何找到属于你的数字"）。如果你于1950年3月出生，那么属于你的数字就是5。如果你大约在2月3、4、5日出生，就需要考虑时差的问题了。按照东方的历法，东方是先于欧美开始新的一年的，这个时差大概是8个小时。

运用这些日期，我们就可以揭示九星体系当中，究竟哪个数字是属于我们的。这个你的个人数字决定是何种能量控制着你出生的这一年，从而也将这一年独一无二的特质赋予了你。

在能量世界中，这是十分重要、具体的，就像数字编号和DNA一样。你个人的能量决定了你的社会关系情况、地缘情况，并帮助你去理解和认识它们。

除了领会，其同样也关系到你的其他资源。这些资源可以使你受益，或者伤害到你的计划和期望。为了更精确地了解这种能量，要预估和规划每个月，甚至每一天的内容。但是这种估计和预算只有专家才能够掌控。在这本书中，我们给你介绍了一些表格，通过它们，你可以得到进行预见的一些基本的必需材料。

更换住宅的相关事项

每一年,你的个人能量都会和占据着九宫其他位置的能量不同。因为每年的主控能量是在发生着变化的,那些有利的征兆也同时在发生着变化。如果你想搬家,一定要事先计算好迁入未来住宅的适宜的时间,因为这将对你未来几年的生活产生非常深刻的影响。

> 在选择房子的时候,我们不要被住宅的外表所迷惑,首先要考虑的是能量的问题,然后才是住宅的美学因素。

住宅的能量

检查一下九星图，通过这个图谱你就能够提前知道一些将要遇到的变化。

如果你的数字在九宫图中的位置十分不利，那么就只能等待和祈祷在下一年中会遇到有转机的变化了。

同样的规则也适用于对住宅进行改建或者维修。一年当中多多少少总会存在一些有利的时机来修改你住宅中的能量。改动某件物品，移动下物件的位置，搞一下卫生，做一些涂鸦或者收拾下房间，都可以产生剧烈的影响。

寻找我们将要迁入的新住房的过程十分重要，它对生活的影响是不容忽视的。根据我们选择的住宅不同，住宅里的能量种类就不同，从而它对我们生活的作用也就不同。

如果我们并没有这种意识，或者说我们还不能识别所选择的住宅中究竟蕴藏着什么样的能量，那么，搬进这种住房就像是探险一般，结果是未知的，可能好可能差。

目前，关于住房我们优先考虑的还仅仅是住宅所在区域、价格和面积。从风水学的角度出发，这些东西没有任何价值，我们优先考虑的应是：所在地的能量、方位、布局和建造它的材料。

很多时候我们很在乎建筑的外观，尽管我们对于外观的喜好在不断发生着变化。但是，需要注意的是，并不是我们喜欢的美观的外表就一定适合我们。

在开始寻找住房之前，我们就应该有一个大概的方案，在做出决定前综合各种因素和各种能量特点，以实现我们的生活目标。

● 小贴士　阴影

阴影是一种包括在事物内部的特性。相对于密度较为稠密的可见的本体来说，阴影的存在显得虚幻和神奇。在一些文明当中，阴影被称作本体的灵魂。因为当光投射到物体上时，阴影会发生移动，从而可以很清楚地看到它的轮廓。

由于阳光照射的角度不同，阴影的位置也会随之发生变化。通过建立光线能量和阴影的轴线，阴阳分别建立了混沌物质和清澈物质的世界。这个轴标记了太阳的方位和影子所要投射的位置，原理就同于日晷。但是应该了解，如果太阳进行了移动，阴影位置同样会随轴的变化而变化。

阴影的产生

由于在直射北半球时，太阳在南半球的光线是倾斜的，这样就会有一些阳光永远都照射不到的死角，从而产生阴影。当然还有一些其他情况，比如阴影可以借助较高大的建筑而永远地存在，这就造成了不会消失的阴影。

阴影区域

如果你住宅的某一部分正处于阴影当中，则此处属于阴影区域，会缺乏气和能量。所缺乏的能量取决于与之毗邻的建筑。例如，如果在东方有一个建筑群挡在太阳和你的住宅之间，当太阳在东方的时候你就很难接受到阳光，这

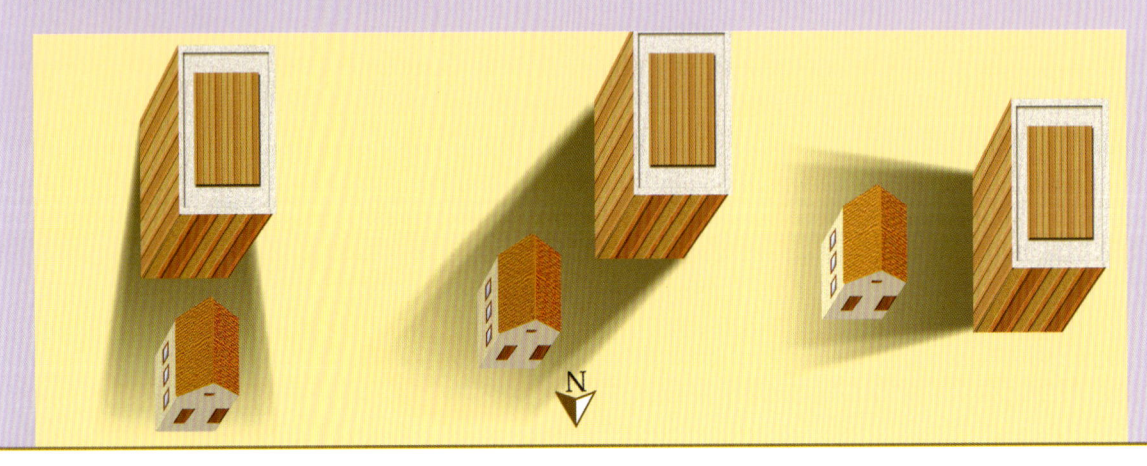

住宅的能量

样所造成的结果是你将会缺乏这种很重要的能量。

如果阴影是因为此种原因造成的，那么，同样的事情也会发生在西方、南方。

阴影的补偿

为了改善这些阴影区域，我们应该尽量多地对受影响的阴影区域进行光照的补偿。内部照明灯应尽量使用日光灯，这样就可以通过模仿阳光来创建较为明亮的环境。最好每天都能保持光线的充足，也就是说，即使我们不在阴暗的房屋中停留，也最好打开日光灯，保证屋内光线的充足。

有些人会认为，在屋内对阴影进行这样整天的光线补偿是一种挥霍。但是，在东方风水学思想中，这种慷慨被认为是富裕和繁盛的象征。

天地交合

根据风水学理论，当一片云在强烈的阳光下于山峦中投射出一片阴影时，会产生一种十分独特的能量现象。在风水术语中，这被称作天地在此时交合。

光影

光代表阳性的能量，受到同属阳性的太阳的驱动，从天空而来，通过云层化作影，进入属阴的土地。这种力量被刻画入阴影，落到具体的某一点上，这时从这一点就可以进入大量的被创造的能量。这就是古中国文化中阴影的起源。

当太阳或者天空通过云在地上投下阴影时会产生一种特别的滋养阴影笼罩的地方的能量。

How to Decorate Your House

家居设计

设计理念

　　风水学中物品的设计都是模仿大自然中的构造，以健康、舒适、和谐为目标。五行的形式被设计进了我们周边的一切事物当中：波状物品代表水，直线物品代表木，扁平物品代表土，圆形物品代表金，尖锐物品代表火。在家居设计时，如果能够完美地结合五行因素，我们能得到更有活力的住宅。

装饰

装饰的元素应该有助于能量的流动，并使之进入正轨，从而使能量能够均匀地布满空间、自由流动，而不会有拥塞的状况发生。同样也应该通过平衡各元素之间的关系，来隐藏暗箭和阻止暗箭的产生。

当我们进行装修时，习惯上我们倾向于我们所喜欢的风格，但是根据风水体系来讲，装修是在为住宅添置了家具以后所进行的修饰和装扮，应体现整体的价值。因此，我们并不需要购进一些没有实用价值的东西来进行刻意的修饰。

在装修中我们应该多用"差不多即可"的理念。特别是要记得，空间中的能量和布局才是最重要的，最后才是装修。放置越多的物品，我们所能享受到的能量就越少。

颜色、形状和材质

应该让颜色、形状和材质三者的协调环绕着我们、拥抱着我们、包裹着我们、刺激着我们、保护着我们，并使我们感到放松。

位置

最好永远遵循着八卦所指引的方位，也就是说无论何时都符合内在自然规律的秩序。

家居设计

How to Decorate Your House 137

色彩

存在于家中的色彩可以改变家中的能量，甚至一点很小范围的强烈颜色都可以产生意想不到的后果。每一种颜色都可以与阴、阳、五行中某种元素，或者八方中的某个方位相联系。

我们应当知道阳光光谱中的那些颜色，也就是说，可见光的光谱构成。这些构成光谱的颜色有着和我们内脏相似的功能。太阳光谱，或者说光的构成，可以为我们充当向导，从而可以得知哪种颜色更适合我们。可见光包含于电磁射线的光谱，电磁射线光谱包含了从红外线到微波的各种波段，在波长较小的波段中我们可以找到X射线，在波长较长的波段中我们可以找到红外线。其中有些射线，比如X射线，对我们的健康是十分有害的。那些电视或者广播，对人体多少都会有一些危害。

而今，在对住宅内部颜色的选择上有一种这样的趋势，就是人们仅仅根据自己的好恶来选择色彩，而不考虑是否适合自己，或者对健康和居住来讲是否有利。尽管色彩的色域十分的宽阔，但是并不是所有色域中的颜色都能够用来涂在墙上，并对我们起到有利的作用。我们的身体总是在接收着来自周围环境中的各种冲击，因此，在做选择时我们应该考虑视觉效果在我们身体内引起的影响。请记住，这种反应是无意识的，是我们不能预知的。

暗色

灰色、黑色、棕色、深蓝色、深紫色、深绿色等。这些颜色都会引起悲伤的情绪，让我们觉得空间变小了、冰冷并且沉闷。身体上深色的色斑对于我们自身来讲是颇具威胁性的。我们应该清楚，所有的这些暗色中都有大量的黑色因素存在，就像黑暗、黑夜等，而且还会吸收大量的光，使我们变得黯淡无光，使周围环境变得昏暗。

可能有些人认为，在家中装饰这些色彩很漂亮。的确是这样，但是这些色彩十分不适宜作为墙漆涂抹在墙壁之上。

由这些暗色产生的影响，可以通过我们神经系统的反应，传输到我们的身体各处。因此，我们的身体会经常性的有较轻微的冷的感觉，总觉得家中很冷，气很低沉。

亮色

白色、黄色、天蓝色、橘黄色等等。类似的这种色彩很有光感，但是效果却不尽人意。因为它产生了过多的刺激，而这些过分的刺激使我们的神经系统过于兴奋。

柔和的色彩

这种色彩是温暖、含蓄和温柔的。乳白色、肉色、沙漠色、杏黄色和玫瑰色等等这些颜色都包含了温暖、和谐，并且可以给予空间宽广之感，因为这些色彩是可以和其他元素和谐共存的。我们与之较持久面对，仍不会感到疲劳。

> 阴和阳会通过五种方式联系在一起，即吸引、依存、成长、相克、转化。

如果我们不喜欢用这些颜色来粉刷墙壁，这或许是因为我们的能量不平衡，处于偏阴或者偏阳的状态。在住宅中按照我们自己的属性进行颜色的选择和搭配，才是最为合理的。

我们经常被红色、石榴红、明亮的黄色、橙黄这样的至阴颜色吸引，因为这些颜色刺激阳性能量。但是如果刺激过于频繁，就会因为过度而导致我们自身能量的失衡。

如果我们自身的能量属阳，那么我们就会被黑色、灰色、深紫色、棕色、深绿色等这些颜色吸引。因为这些颜色可以克制我们过分的阳性能量，但是过度的削弱会降低我们自身的活力。

● **小贴士　颜色的选择**

确定什么颜色对于你想装饰的东西最为适合，然后通过八卦的八方进行决定，决定你是否应该在这个事情上激发、保持或者抑制这个方位的气。接下来查一下表，就可以找到适宜的解决方法。稍有一些偏黑的颜色是所有颜色中最为重要的，黄色是中心的颜色，可以和各个方位的颜色保持和谐。

在风水学中，八方中的每一个方位与其能量特点都和一种特定的颜色相联系，在下文中我们将会为你介绍这些色彩。在某种颜色的方位上对应地使用这种颜色，有助于保持能量相适。

家居设计

How to Decorate **Your House**

● **小贴士　颜色**

和光线同理，颜色同样被包含在住宅的阴阳性质当中。特别是墙的色彩，更加有利于平衡住宅内的各种元素。地毯的颜色、艺术装饰品的颜色或者室内花木的颜色，都是很理想的用来平衡室内环境的因素。不仅如此，色彩还应符合某一房间的功能定位。对于创意工作室来讲，应当应用较为活跃的色彩（属阳），相比之下，中性色调则有利于睡眠和休息。每种颜色都有一种确定的能量特性，也就是说，每种颜色都和五行当中的一种元素相联系，起到象征这种元素的作用。

- **木之色彩**：深绿、浅绿、祖母绿等。
- **水之色彩**：藏蓝色、各种蓝色。
- **土之色彩**：黄色、黄褚色、栗色。
- **金之色彩**：白色、金色、铜色。
- **火之色彩**：红色。

家居设计

How to Decorate **Your House** | 143

● **小贴士　可用于墙壁、地板、天花板的阴性冷色调、阳性暖色调颜色**

●祖母绿色
五行属木的颜色，位于西南方位，和偏暖色调的带一点黄的深绿色有联系，表现生气、平静和宁静。

●青绿色
这种颜色有一点偏蓝色调的倾向，比较偏阴，可以祛除西南方的木的能量，能够提供一个比较舒适休闲的环境，但是会产生精神和活力。

●深蓝色
属阴，冷色调，和位于东南的木属性相联系，和水属性也有关联，仅仅适用于天花板的颜色，代表天空。

●紫色
代表热情、热烈。紫色可以加强南方的火气，是一种对激情的称呼，可以加强一个屋子的社交氛围。

●桃红色
属阳，是黄昏的色彩。这种颜色可以吸引金属的能量、浪漫的气息和快感，可以创建一种比较理想的亲密的环境，很温暖。

●橙色
属阳，温色调，很阳光的颜色，结合红、黄这两种色彩而成。橙色是更加接近土地和中心的颜色，可以减少所在地的阴郁之感。因为这种颜色和阳光的颜色十分相似，所以让人感觉很温暖。

●巧克力色
属阴，是属于土地和西方、西南方金属的能量，出现在一些锈迹上，或者巧克力上面。推荐用于地面，以增加稳定感。

●浅灰
属阴，色调上非常偏冷。其是庄重和权力的象征，在东北方此种颜色更接近于此方位的金属的颜色，对于建立较为正式的环境十分有效。

家居设计

● 小贴士　背景颜色的设计与应用

•柠檬黄
很明亮，略显轻佻的色调。柠檬黄这种颜色刻画了中心土地的颜色，可以激起清凉和活力，可这并不意味着它缺少暖意。其适用于花边或者洗手间的镶边。

•酸橙绿
属阴，接近于东方之木的能量，代表新芽，并且能够创造很积极的环境。推荐用于办公室，或者用于装饰活动室的某一个墙面。

•水绿色
属阴。这种颜色结合了绿和蓝两种色彩，显得很平静，是最接近东南之木能量的颜色，能够加强创造力，让人感到放松。其适合洗手间或者结合于小块的磁砖上。

•天蓝色
属阴，色调十分和缓，比浅蓝更能够缓和木属性能量的冲动。如果住宅中的天花板全部选用这种颜色，会显得很镇静，能够产生高度感和天空的和谐感。

•丁香紫
属阴，色调很冷，和南方的能量相关。这个颜色在产生激情和热烈方面的作用十分微弱，在环境中常常产生更加属阴的效果，仅适合与黄色相结合。

•粉红色
属阴，色调偏冷，很接近西方金属的能量。这种色彩传统上和家中最小的女儿相关，对于女婴和女子来说十分有利，有浪漫的特质。

•奶黄色
属阳，热烈。奶黄色的温热很接近八卦中心的土的颜色，推荐用于卧室和住宅内的其他空间。

•浅栗色
是栗色中较为温柔的颜色，可以增加稳定性和安全性。这种色调是最接近八卦中心土的色彩，可用于地面、柱座和镶边。

装饰元素中形状和形象的应用

墙纸、地毯、窗帘和其他装饰元素可以给房间中的能量流动赋予某种特点，其形状、图案与其他的物品所产生的影响差不多。如果其形状或者设计与相适应的颜色相结合，将会使两方的效果都得到加强。

通常人们习惯在墙上涂些涂料、贴上墙纸，或者挂上织物、木质品、柳枝等等。那些用海绵、抹布或其他手法画在墙上的色彩会显得很散乱，产生很混浊的视觉效果；那些平滑、平实的颜色会显得干净利索。装饰用的垫子、印花、手绘图案是除了上述方法外的装饰墙面的方式。那些确定的、有序的、重复的样式是比较偏阳性的；那些不确定的、不规则的，或者是无序的图案则更加偏阴。肖像画是种很好的选择，它显得更有内涵、更加积极。但是要注意，当装饰某间居室墙面时，将它的方位朝向住宅的中央。通过学习后面的内容，你就会知道怎么对房间进行装饰才可以使整体显得更加和谐。

● **小贴士　窗帘和围幔的设计**

印花

窗帘和围幔上印花的图案和色彩应该和其余的部分保持协调，也就是说，和我们既定的装饰风格相一致。如果我们在墙上粉刷了暖色调的色彩，那么在家具、窗帘等物品上我们就可以放置一些我们自己喜欢的颜色，即使是一些冷色调的色彩，这样可以使其相互中和、相互克制。

形状和图案

那些我们将要放在围幔内部的符号或者东西应该和我们个人的喜好相联系，这样就可以传达一种平和与安详的和谐效果。形状可以是多种多样的，后面我们将学到如何用五行的元素进行相互之间的补偿。

家居设计

● 小贴士　装饰元素的形状和图案

　　我们应该为我们的住宅选择一些符号，通过这些符号我们能够感到更加的舒畅和统一。有清晰含义的符号可以让我们产生愉悦感。

方位	形状	激励	形状	保持	形状	减弱
北 属水	水	圆 弧 椭圆	金	不规则形状 云状 波浪状	木	拉伸状 垂直射线
西北 属木	火	尖利的形状 星状 Z字状	土	宽矩形 平行线 正方形	水	圆 弧 椭圆
东 东南 水	金	不规则形状 云状 波浪状	木	拉伸状 垂直射线	火	尖利的形状 星状 "Z"字状
南 火	木	拉伸状 垂直射线	火	尖锐的形状 星状 Z字状	土	宽矩形 平行线 正方形

How to Decorate Your House　　147

材料

住宅中有各式各样的家具、装饰品，它们所使用的材料对宅中之气有很大影响。各种材料的属性、五行关系以及摆放位置等等因素都能影响宅中气场。除了考虑材料，物品的表面状况同样作用于家中的气流循环。物体表面越宽，效果越明显。

表面光洁、闪闪发光的物品可加快气的流通，而错综复杂的织物结构则会减缓气的流通。装饰住宅时，要尽量避免使用合成材料或是塑料制品。

金属

不锈钢和精铁这类材料均为属阳的材料，会明显加速气场循环。所以，这样的材料很适合使用在气流容易淤结滞留的地方，比如浴室，尤其是位于住宅北方的浴室。

木料

一般来说，木料对气流的作用偏于中性。光洁坚硬的木料可加速气流循环，如桃花心木，而粗糙质软的木料则会减缓气的流通，如松木。木料非常容易清洁，可营造出轻松愉悦的氛围，并有效避免气流淤结。

织品

窗帘、羊毛地毯、苫布等等织品一般都可起到减缓气流流通的作用，有助于创造轻松的房间气氛。但是，如果过多地使用布料，则很可能使气过分滞留。

陶瓷

没有上釉的瓷砖属性偏阴，可起到减缓气流的作用。如果希望创造安静的房间氛围，这种材料比较适宜。而釉面瓷砖表面光洁明亮，可产生与玻璃、大理石同样的效果。

藤条、竹子

这种材料通常用在家具上，有些时候也用于覆盖墙面。它的效用和浅色木料以及其他植物纤维相似。

玻璃

在玻璃的众多特性中，尤其突出的是它激活气场、加快气流循环的作用。如果住宅窗户、门、桌面或壁画等地方大面积的使用了玻璃这种材料，那么加快气流循环的效果将非常突出。

石料

表面光洁坚硬的石料，如大理石或花岗岩，可显著加快气的流通，增强房间活力，但是也有可能会产生过多的刺激。因此，并不建议在卧室使用这种材料，因为这种气流虽然明显加速能量流动，但无益于良好的睡眠。如果房间采光不好，如某些洗衣房或储藏室，地板材料建议使用石料。

采光

能量通过光波被传导。可见光的波长范围大约为400～700纳米，这个频段范围只占整个宇宙电磁波谱中的一小部分。宇宙电磁波谱所包含的波段包括了从宇宙射线到微波的所有射线，范围十分宽广。自然光或者白光占据了包含于红外线和紫外线之间所有的可见光的波谱段，囊括了所有颜色，也就是抵达我们身边的阳光。人造光占据了可见光光谱中很特殊的一段。尽管是源自于自然的能量，但是它对我们身体所产生的效果却是消极的。所以，当我们不得不使用这种方式进行照明时，最好使用模仿阳光的日光灯。

白炽灯光

白炽灯光可以在所有房间中应用。这种光线是单一的，可以加强能量。

光源

光源可以聚光于一点，从而刺激能量的流动。比如，在一个能量淤结的黑暗角落放置一处光源，对于能量的流动是十分

● **小贴士　荧光**

对于荧光光线，我们并不推荐使用。因为它只放射光谱中较阴的那一部分光线，无论在什么季节都会使气变得贫乏，对人亦是如此。

最好用灯泡把这种荧光光源替换掉，因为灯泡在尽力模仿自然光光谱中的所有光线。白炽灯所产生的光线和卤素灯的光线是所有人造光中最好的。如果可能，尽量减少荧光的使用，或者完全放弃使用。至少，也应该避免长期处于荧光的环境中。不要忘了，光线可以通过眼睛进入身体，因为眼睛是心灵的窗口。

家居设计

有益的。同样，也可以用高强度的光源来照亮住宅的某些部分，比如工作区，或者在较低的地方放置一处光源。

垂直光源或者落地灯

其能将气推向更高的地方。通常如果天花板较低或者家中有斜坡，这种灯就十分有用了。

低压灯

低压灯可以产生更加明亮和更有强度的光线，在气流较淤结的地方，对刺激能量能起到十分理想的作用。

彩灯

彩灯可以产生不同频率的光，应该将它的方位与住宅的中心建立联系，同样也应该注意选择一种和谐的颜色。

● 小贴士　光源

无论是自然的光，或者是人工的光，都能够产生能量。光源，是住宅中产生能量的源头之一。通常，应该尝试使住宅保持明亮、空气通畅，应该尽力放置几点不同的光源，来保持明亮和黑暗、主动和被动、阴和阳之间的平衡，但是光线又不宜过强。根据八卦的方法，如果在卧室或者住宅中适宜的区域放置光源，光线将会激活我们生活中的某些需要加强的部分。

祖先的能量就好比是油灯的能量。在成长的时候，我们接受来自灯芯的滋养，然后生命慢慢消耗，直至枯竭。

How to Decorate Your House

我们的食品质量决定了我们的生活质量，我们应该寻找食物的精髓。

家用电器设备

在传统风水学中并不存在家用电器。因为这些物品为我们提供了更好的生活质量，现代它们已经成为了生活必需品。这些电器设备是外部能量的提供者，产生了我们住宅中的电场，长期在这种电场中生活会对我们的健康产生不良影响。但是如果我们平时注意在睡前切断电源，就不会有任何问题。同样的，最好为整栋住宅安装自动断电装置。但是对于生活必需电器，如冰箱和供暖设备，我们也可以让其长期通电。

电动厨具

厨房中的电动厨具所释放的电磁辐射会影响到我们平时里所吃的食品，最好用煤气设备或是烧柴的设备。

冰箱

那些储存在冰箱里的食物是处在一个微弱的电磁射辐射场中，所以最好将食物放在一个很冷爽的地方，比如地窖，或者在冬季的时候放在室外，用这些手段来取代冰箱。

电视机

电视机的部件，比如显像管，同样会产生一种电磁场，这种电磁场会扩散到其周围。因为这种射线的强度会随着距离的渐远而渐弱，所以，看电视的时候最好距离电视机远一些。

家居设计

- 电器设备通常都是住宅能量的污染者。但是从另外一个方面来讲，它们为我们提供了便捷的生活。在使用完后，要切断它们的电源。

How to Decorate **Your House**　153

传真机、复印机

尽量将这类设备放在远离卧室、厨房、餐厅的位置。

电脑

大多数CRT电脑显视屏的工作原理和电视机是相同的。因为我们习惯坐得更近，所以面对的风险比电视机更高。买一个滤波屏放在电脑屏幕前，可以有效减小辐射的危害。但是不要忘了，网络信号也同样是有辐射危害的。

吹风机

从吹风机发射出来的电磁射线是直接朝向大脑的，强烈推荐让头发自然干燥。同时，热风会破坏头发的蛋白质结构，从而使头发受损，变得没有光泽，并且易分叉。

电暖器

电暖器会在房间里创建一个电磁场。推荐使用烟囱式的炉子、中央锅炉或者是燃气的炉子。

移动电话

移动电话会在大脑区域产生微波，这种辐射在长时间存在的情况下可以使某些特定的区域变热。在电话天线的地方加上一个帽，或者使用的时候多换手，可以减少这种微波的影响。最后，还是尽量使用传统的电话。

● **小贴士　移动电话天线**

电话的天线会增加信号的强度，同时，电磁波会在我们周围流动，这就增加了一种还不为现代科技所尽知的污染。科学家已经证实，这种微波对我们的身体是有害的，甚至会引发某些癌症。但是，在市场上我们可以见到可以减弱这种微波的装置。

如果我们在阳台上放置一架天线的话，信号质量会有很大提高，但最好使其远离我们常待的地方。

# 家居设计

● 为了减少移动电话所带来的辐射，我们可以在天线上放一个小帽，或者在使用的时候经常换手。

电缆

在卧室，应避免床下或者枕头旁边有电缆，特别是不停有电流通过的电源插座。它们会向外产生一种电磁辐射场，使我们的神经带有一些电荷，从而使神经变得更敏感。如果我们想抵消在床头的这种效果，可以切断电源，使这个设备失效。这些对孩子的影响更大，因为孩子的身体更为敏感。如果我们想改善他们的睡眠质量和成长环境，我们就应该在晚上切断他们房间的电源。

梦是时间的空间，在那里人们可以自由的下意识地进行支配。

家庭内部的植物和花朵

植物对住宅的影响可大可小，但基本都与其颜色、叶子和花的形状相关。借助这些元素的变化，植物就和阴阳、五行、八方产生了联系。

在住宅的众多装饰物中，植物是非常特别的，因为植物有生命，是活物，能够产生自己的气。这种特别的能量能激活气场，削弱甚至抵消现代建筑中"死物"的危害，比如家用电器的辐射，或是塑料制品造成的淤结之气。家里如果种上了植物，就应该精心照顾。一旦植物生病，它干枯的茎秆和叶片会对室内的气产生不良影响。

尖叶植物属性偏阳，可加速气的流通。而叶片呈圆形或直接呈下垂状的植物属阴性，能减缓气的流通。像灌木一样低矮茂密的植物也可以减缓气的流通，适宜种植在较长的走廊或是大门边。形态高大的植物可增强木气，针形叶片植物或星形叶片植物可增强火气，低矮的蔓生植物能增强土气，圆形叶片的植物通常能激活金气，而叶片下垂的植物可增强水气。绿色的植物也可以增强住宅中的木气，但是，如果这盆绿色植物开了花，那么该植物的能量类型就主要取决于花了。

夫妻卧室
垂榕
兰花

外部入口
意大利柏、雪松、黄杨

阳台
天竺葵

餐厅和客厅
垂榕

办公室
竹子
垂榕

任何地方
金钱草

156　如何布置你的家居

家居设计

● **小贴士　内部植物**

其是可以改善内部环境氛围的生物，可以产生氧气，使室内环境变得潮湿，并美化住宅。另外，其可以为我们的环境提供多种色彩，有益我们的身心健康。

水	木	火	土	金
垂榕 无论被放置在哪里，其都会刺激相关部分的发展。例如，如果将它放在住宅的入口处，会刺激与水相关的事情，比如职业。	**竹** 如果在花园中种植一些竹子，可以刺激家中的财运。室内可以选用盆竹替代竹子。	**天竺葵** 将其放在阳台的火之方位，可以加强形象和名声。	**红掌** 其可以改善夫妻关系和一切与爱相关的关系。	**金钱草** 其可以刺激和支持家庭中的金钱流动，放于住宅中任何位置都很易于生存。

How to Decorate **Your House**

装花的瓶子或罐子，根据其形状和材质也会对气场产生影响。例如，玻璃花瓶可增强娴静的水气，最适宜摆在整个住宅或某房间的北方。木制的长形花瓶可激活木气，促进职业发展，适宜放置在东方和东南方。尖细的花瓶或是口小底宽的罐子都可增强火气，有利于得到社会认可，提高声望，增强工作、生活的激情。陶土的花盆或瓦罐蕴藏着宁静的土气，有益于家庭和睦，适合放在住宅西南方和东北方。

植物对我们的感情和想法很敏感，这是我们平时对它悉心照料的原因。为了对我们表达感谢，它们会为我们献上花朵。

家居设计

● **小贴士　花**

　　想要给住宅增添一点生气，鲜花是你的不二选择。它鲜活的颜色、美妙的外形，都可改变住宅内的气场。去掉鲜花主干上的小枝，这样其保鲜时间会更长。尽量每天都换一次水，并扔掉死去的花瓣。要及时处理掉枯萎的花朵，因为它会对住宅之气产生不良的影响。

　　在风水中，干花象征着死亡。所以，如果必须要在住宅中使用干花，那么一定要选择正确的材料，比如丝绸。

花园的设计

花园是人类可以与大自然在内部环境间共语的地方。围绕着我们的绿色环境扮演着使我们放松、净化环境、提供进入住宅的氧气的重要角色。花园是一种可以改善和提升内部环境的外部因素，其全部或部分地环绕着我们的住宅，保护它，并使其变得更加和谐。

建设花园的标准和建立住宅的标准是相同的。花园能够像土地一样，使草木繁荣，构建和谐氛围。北方是有磁性的、富有能量的，很适宜建造花园。

在花园中，我们会种植一些树、灌木或者显得较高的植物。通过这些植物，可以使花园内的其他物种得到保护。

在花园的南方，我们会种一些颜色较为丰富的花；在东方，种一些灌木，或者一些相对于北方的植物较低矮的植物；在西方，同样可以是灌木或者较低矮的植物，或者是在岩石覆盖下的更加小巧的植物。

对自然美的注视是一种可以滋养我们精神的粮食。

家居设计

● 深夜的黑暗对于我们身体的再生是非常有利和必要的。

How to Decorate **Your House**

传统和神话中充满生气的水池变成了现在的鱼池。

水池的设计

圆形或者椭圆形的水池是最为适宜的，可以使花园中的每一个角落都显得和谐，特别是典型的具有水属性的区域。对于象征风的区域，则以正方形或者长方形比较适宜。

水池的重要性取决于孕育在水中的各种生命的种类——鱼、龟、植物和其他能够加强或者改善整个住宅的因素。但是前提是水要有它的循环系统，而不是一潭死水。

在水池中，可以以泉的方式添加一些可供水流动的环路，产生一些能让人放松的流水声，也可以使其更加美观。

对了获得更好的视觉效果和良好的刺激，我们可以运用一些水生植物，比如白睡莲，其还可为水里的动物提供遮挡。但是一定要注意，水池不要放在火的区域或者金属的区域。

花园中的鱼池的设计

如果你想在花园中放置一处鱼池，最好先确定它能够为你带来益处。

比较理想的放置鱼池的方位是磁场的东方或者东南方，形状应该是圆形或者椭圆，避免使用尖锐的角的形状。不要将其放在住宅门的附近，比较好的位置是靠后的地方。

家居设计

适宜将其放置于院落内离住宅较远的地方,最好在住宅的入口处看不到它。通过排水或者水循环系统,我们可以将鱼池变成一个水池。

● 美是一种由内向外散发的纯净的美

植物的相关介绍

植物是将自然界元素转变为能量的转化者和媒介。

传统上,植物因具有各种不同的功效而被人们广为应用。其在风水学中的应用包括:改善环境、为住宅的内部环境提供氧气、使我们的视觉得到放松、绿色的外观让我们的内脏受益。

枯死的植物

植物枯死的原因有两个:其一是因为没有适宜的气候和环境,这既不利于植物也不利于我们自身;其二是因为我们没有在它的身上投入我们的精神能量,即我们忽视了它。当有人关心它们、呵护它们,它们就会保持很好的活力,即使气候节令并不十分适宜。我们可以通过改变一些条件来使它们更好地成长和生存。

神圣的具有魔法作用的植物

神圣的具有魔法作用的植物如果一直陪伴着我们,可以体会我们的感受,并对我们的身体变化做出反应,同时也可以吸引一些特定的能量到我们的生活当中。

我们可以利用这些植物的治疗特性,来帮助我们提升自身的能量质量。这些植物的特性,也影响我们的灵魂。与这些植物接近或者接触,会让它们的神圣的灵魂和我们的灵魂产生交流。所以,如果我们向它们敞开胸怀,它们会给我们提供有保护性的、有益的特质。

神农本草经

这部植物学经典是古代中国药理学的巨大成就。在这部书中,记载了365种药物,这其中有252种是植物药物,67种是动物药物,46种是矿物药物。这些植物都在人类的身边生长。

家居设计

● **小贴士　具魔法作用的神圣植物**

自古以来其就用来保护住宅免遭不良事物的影响，使住宅洁净、净化，为我们招来运气、保持健康。

在不同文化当中具有神圣的魔法性质的植物

保护作用	治愈作用	促进作用	辟邪作用
蒿属植物	桧属植物	玉树	蒿属植物
槲寄生植物	香薰植物	罗勒属植物	麦
人参属植物	橄榄	麦	芫荽
	没药	耶利哥蔷薇	
	意大利柏		
槲寄生植物 其是德鲁伊的神秘植物，象征着神的神秘降临，只有负有金剑的教士才能将其砍断。	**桧属植物** 其浆果可以净化任何星宿所影响的环境。	**麦** 其是代表运气的植物。麦粒可以给家庭带来运气。	**蒿属植物** 在圣胡安这天，整个欧洲的人都会用其制作一个花冠放在住宅的大门处，阻止伤害、灵魂和不幸的进入。

How to Decorate **Your House**　165

● **小贴士　家居小物品**

玻璃制品

阳光穿过玻璃，会折射出彩虹光谱中的所有颜色，而产生各种颜色的射线会向各个方向散射，每种颜色都传播着一种特殊的气和能量。

最常见的玻璃制品是圆形的，有很多被机器切割而成的锋利的面，从而增加了其折射光线的能力。其通常作为镶嵌物或者悬挂物，悬挂于某处。

如果我们的房间中有一些窗户可以让阳光直射进来，那么这种玻璃制品就不是十分必要。但是如果房屋中没有阳光可以直射进来的窗户，有了这些物品，在缺少阳光时，房屋中也不会显得十分暗淡。

无论作用如何，起码这些玻璃制品看起来十分美观。但是，在北欧某些国家，由于地理气候关系造成房屋采光不良，他们有时几个月都见不到阳光。对于他们，这些工艺品是十分传统的装饰物。在西班牙，我们很有幸全年都可以见到阳光，也正是如此，我们对这些玻璃制品的应用并不多，也就无从谈起深入地了解它的益处。西班牙阳光充足，白天通常我们都会把百叶窗的叶片放下或者拉上窗帘。对于我们来讲，这种增大亮度的物品不是十分必要，但是如果个人喜欢的话，可以把它放在太阳直射到的地方。这样就能够用它折射的光线来美化空间了，毕竟美化作用此时才是它最基本的作用。

窗帘

其可以增大火之能量。这种能量可以刺激激情和创造力，有利于吸引他人的注意，并有助于沉思。

如果你想和某人开始一段亲密的关系，可以放置两挂相同的窗帘，注意一定要放得很近，这样这些窗帘会起到一定的帮助作用。这种物品同样具有调整自然光的作用。在角落或者朝南的房间，一次放置多挂帘幔，会有利于房间的整体环境。如果环境相对潮湿，窗帘则有助于使其变得更加干燥。

促进夫妻的亲密关系有很多种有效可行的方式，比如说一些亲密的语言、送美丽的花朵等等，但是真正在男女之间最直接有效，也比较适宜的方式是拥抱、融为一体。为了达到这种境界，需要做出一些努力，窗帘在这个时候就起到了相当重要的作用。与此同时，还要注

家居设计

意营造氛围，比如让房间弥漫香味，这样也比较有利于净化环境。

水晶盐灯

这种珍贵的装饰物品是时尚风水学的又一"珍品"。时尚风水学的出现推动了对东方装饰物品的研究和使用。但是，其并没有太多其他的含义，只是里面放入了一个灯泡的盐石，使它失去了其原有的磁性和能量，致使它只能作为一种普通的装饰物品。

如果你们喜欢它，可以拿来一用，但是不要期望有多么好的治疗效果。总之，最好还是

拥有一块没有被装入灯泡的盐石。

盐

根据炼金术的记载，盐、硫、水银共称为生命的三种基本组成成份，是完成任何过程和任何变化的必需物。

盐是人类、动物，甚至植物所必需的物质，特别是对于生存在海里的生物来讲。斯库斯勒，经过多年的法医生涯之后，发现了以他名字命名的十二种盐。当焚化尸体的时候，他发现尸

家居设计

体中只有盐类不会被破坏，结果就区分和归类出了十二种变体。

在古代，统治者经常将盐作为付给劳动者的薪酬。从那时开始，就出现了"薪水"一词。盐有很多种作用，但是在这里我们只涉及那些影响到住宅能量的部分。

盐在环境中承担着能量容器和吸收者的角色，也就是说，将环境中的阴性能量引向自身。因为盐是一种属阳的物质，是一种不被会被毁灭的物质，即使将其付诸一炬。

盐同时也是一种其他物质的良好的防腐剂，因为它平衡和保存了大气的稳定性。

与声音有关的小物品

声音来源于空气的振动，会刺激气。风铃无论是在花园中，还是在住宅内，都被应用得很多。它的作用就是移动能量，因而发出清晰、悦耳、和谐的声音很重要。如果你想刺激住宅中门附近的气，就放置一串金属制的风铃，这样每次一开门，就能听见它的声音了。如果你想减缓南方的能量，放置一些陶瓷制的风铃会有很好的效果。在东方传统文化中，铜锣和钟铃被用来清理住宅里或者住宅中某一部分的能量，习惯上在那些给人感觉很稠密或者很封闭的地方敲响它们。在西方文化中，电铃代替了东方的古钟和西方古代的钟。那些风铃或自然的钟会发出一种具有神奇的、有治愈功效的自然的声音，被称为天籁之声。但是电铃却不尽然，它发出的是一种电气化的声音，会让神经系统感到烦躁。这种电铃振动并没有治疗的功效，但是我们可以用电铃播放一些舒缓的音符，来减轻它的不良影响。

古代的手工制的铃或者钟有些被保留了下来，沿用至今。

床

　　木材是制作床的最好材料。不同于金属，木材不会改变磁场，也不会影响能量的循环。相反，黄铜、铁或其他的金属会改变我们身体的能量，十分不利于休息。水床同样也不是很好，因为它所创造的环境过于潮湿和沉重，太易引发疾病。

　　床的底部应该是腾空的，这样就可以避免我们睡觉时气在床底淤积。如果需要在床上长期堆放一些物品，那么请定期将其拿出晾晒。

　　风水学十分注重住宅中床这个因素，不仅因为我们在床上度过的时间最长，还因为我们长时间地处在床的方位和朝向中。如果这个方位不好，我们将会产生沉重的思想负担，身体也会变得虚弱不堪。为了能够充分得到气的滋养，享有平静而甜美的睡眠，我们最好让床头朝向九宫中和我们的生辰最为吻合的方向。如果可能，床应该被放在和卧室的门处于对角线的位置，和门刚好处于对角线的两端。这样，我们就可以看见门，且不必接受进入卧室的气

家居设计

流的直接冲击。床永远不要放在房梁的下方。如果无法避免，尽量让床的长边和房梁平行。如果由于空间的关系，连这也不能实现，一定要保证，房梁不在头位置的正上方。可以用丝绸、棉布单将房梁遮住，以减小这种不利的作用效果。这样，也能使房顶看起来更平滑。

无论床处于哪种方位，我们都应该提防来自柱子、屋梁的暗箭，这些暗箭甚至可能从窗而入。

有华盖的床是很有益的，并且日渐流行。在这种床上，我们能体会到保护和亲密的感觉。另外，这种床也应该朝向一个较好的方位，因为这种有华盖的床就像处于一个房间中的另一个房间。

小贴士　床上用品的颜色、材料

我们使用的床垫应该是自然纤维织成的。羊毛、棉花、羽毛、麦秸、其他动物的毛发、乳胶，都比橡胶、泡沫板和其他混合材料好得多。那些不好的材料太容易使能量滞留下来，从而使无论是心理的能量还是身体的能量都变得枯竭。另外，它们还会影响住宅中的磁场，使能量的流动变得杂乱无章。

西方人使用的木制基座可以避免床体离地面过远，并能够保持其具有良好的通风性能。

床单应该是天然织品，因为床单和身体有直接的接触。床单、床罩、毯子最好是以纯棉、亚麻、丝绸、细羊毛、鸭绒、棉花为材料，这些材料也可以被填充在被单之中。同样，不要用混合的人工材料。

床上用品的颜色要和卧室，甚至整个住宅的其他部分保持和谐。我们选择颜色的标准是：应用浅、暖色调的颜色——乳白色、奶油色、浅粉色、黄褚色、橙色、绿色，或者是它们之间的搭配。

How to Decorate **Your House**

● 小贴士　床的朝向

　　卧室的位置或许对于我们住户来讲已经很难再加以改变了，但是床的朝向改变起来是很容易的。床的位置不仅影响我们休息时候的身体状况，还会影响我们日常的生活。尝试让床位于经过房间中心的轴线上，这样我们的头部就会朝向一个有利的方位。

　　有时尽管把床调整在适宜的位置有利于我们的身体健康、家庭生活等等，可是客观条件有时并不允许，空间的狭小等原因限制了我们的调整，从而床只能一直朝着同一个方向。此时，我们可以通过改变在住宅中休息的房间来解决这个问题，改善这种情况。比如，在客厅里的沙发床上休息，这就允许我们能够在有利的朝向休息一段时间。

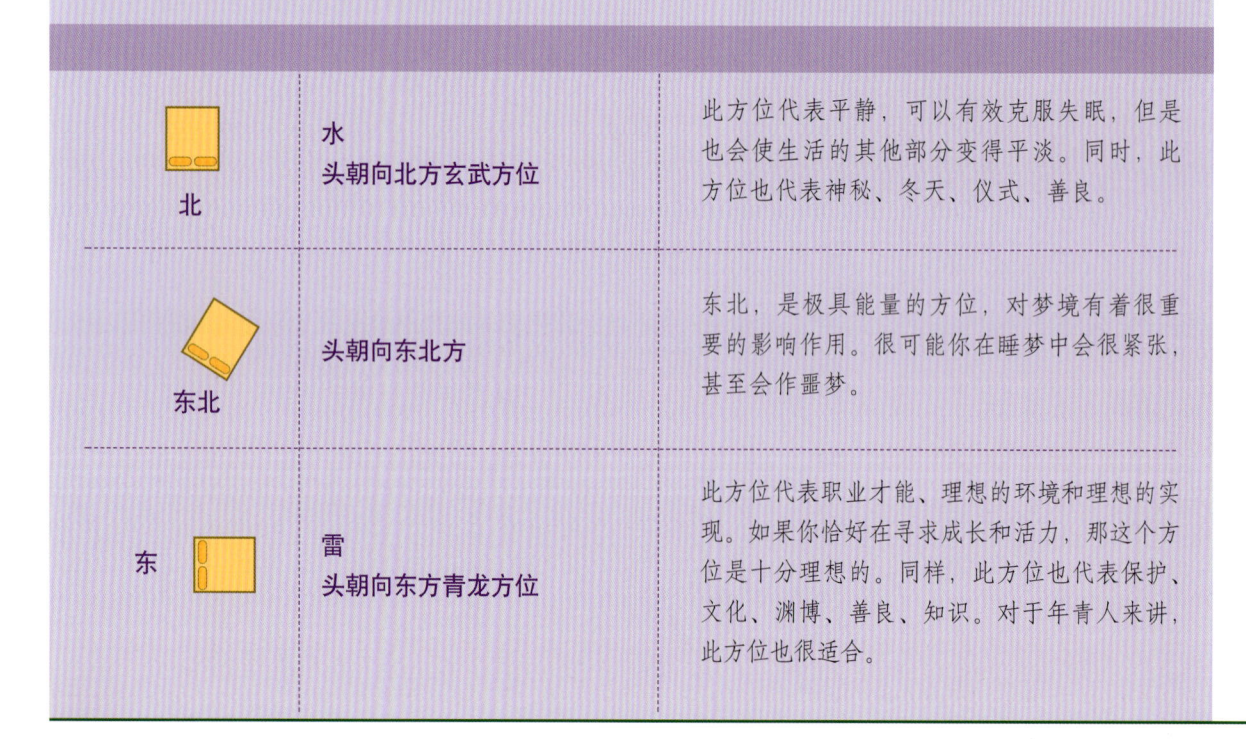

北	水 头朝向北方玄武方位	此方位代表平静，可以有效克服失眠，但是也会使生活的其他部分变得平淡。同时，此方位也代表神秘、冬天、仪式、善良。
东北	头朝向东北方	东北，是极具能量的方位，对梦境有着很重要的影响作用。很可能你在睡梦中会很紧张，甚至会作噩梦。
东	雷 头朝向东方青龙方位	此方位代表职业才能、理想的环境和理想的实现。如果你恰好在寻求成长和活力，那这个方位是十分理想的。同样，此方位也代表保护、文化、渊博、善良、知识。对于年青人来讲，此方位也很适合。

家居设计

东南	头朝向东南方	如果你睡在这个位置，你的创造力将得到提升，你将可以更好地表达你的想法。东南方位同样会刺激成长和活力。
南	火 头朝向南方朱雀方位	此方位代表运气、名声、幸运、幸福、夏天、光能和希望。南方热烈的特性并不利于睡眠，可能会导致夫妻之间的争吵，甚至离婚。
西南	头朝向西南方	西南平静的特质可以推动娴静的关系，但是可能会让你产生过分的谨慎。东北和西南这条轴线可以毁掉你本来稳定的生活。
西	金 头朝向西方白虎方位	此方位代表战争、力量、狂怒、意外、暴力和潜能。平静和满足在这个位置汇合，这样的话可能会影响你的收入和情感方面的运气。如果你的职业生涯已经比较稳定，那么就选择这个位置吧。
西北	头朝向西北方	此方位和领导力、统治力相联系，在这种朝向所做的梦会比较长，也比较沉。

How to Decorate **Your House**

床垫

羊毛床垫

从羊毛这种材料的自然品质上来讲，它已经具备了很完美的隔离电磁场的功能，甚至还包括一些射线。比如，在切尔诺贝利核电站事故中，绵羊是唯一没有被影响的动物。因此，羊毛是用作床上用品的完美材料。在很久以前，我们的祖先就意识到了羊毛的优点。

用来制作床垫的动物原毛，取自于活体动物。人们按周期从动物身上剪下毛发，不会给动物带来任何伤害。运用这种原始而自然的方式，是很明智的开发利用的方法。

应该不时地对羊毛床垫进行清洁。虽然羊毛床垫可以阻挡辐射，但同样它也可以蓄积能量，所以每年一定要对其进行一次清理。就像古代人一样，将羊毛床垫清理后完全打散，再重新编织新的床垫。

如果我们感觉羊毛床垫不是非常舒适，可以把其作为最底层的铺垫物，然后再在上面加一层乳胶。这样，我们既可以得到羊毛给我们的温暖，也可以拥有乳胶带来的舒适。

如果我们很难找到羊毛制的床垫，可以将别人打散、拆过的床垫重新编好，归为己用。尽管重编床垫的方法十分复杂，但是对于一个有经验的床垫编织工来讲，这项工作还是很容易的。

如果我们只有一张羊毛床垫，却想让全家人都能享受到羊毛床垫所带来的好处，我们可以将它打散，减少床垫的厚度，将它重编为几张床垫。

乳胶床垫

这里所说的乳胶是百分之百的纯乳胶。对于身体来讲，它是最舒适、最容易被接受的一种材料。虽然有时在应用乳胶的同时会掺杂一些其他材料，比如棉花、鬃、细茎针茅等，但这种自然织物的合成物同样是相当不错的选择。

马鬃床垫

这种材料不但可以保持床垫的透气性，还可以防潮。在市场上我们可以找到各种

家居设计

外表带有一层或者两层马鬃的乳胶床垫，这种床垫通常比只用乳胶的床垫更加优良适用。

羽毛床垫

羽毛是很舒服的一种材料，但是价格较高。我们可以用羽毛做一些坐垫，放在躺椅上、轻便马车或者单人床上，以提高各种载体的舒适度。鸭绒是最适合的材料，并且可以防水。

棉花和蒲团床垫

尽管棉花和蒲团不如羊毛那样绝缘，但是这些材料和羊毛的特性还是有些许相似的，我们可以将它们和羊毛以相同的方法使用。市场上可以见到这些原材料和以其为材料制成的床垫制成品。

蒲团可能会让人觉得有点硬，那是由于它自身的物理性质决定的。它本来就要比羊毛硬，可以通过在它的表面增加一层乳胶来改善这种不适。

弹簧床垫

弹簧床垫在所有的床垫中对健康是最有害的。我们的身体和能量在与金属接触后，会产生一系列的局部变化。比较常见的问题包括关节痛和骨痛，因为这种床垫对我们身体来讲是极寒的。另外，缓冲装置过于生硬，质地不够柔软，对骨骼没有什么好处。所以，应该尽量避免在床上使用金属配件、床绷，用其他木制的板条来代替金属的床绷。

水床是非常有害的，因为液体元素流动太过剧烈。

How to Decorate **Your House**

家具

家具的颜色、形状和制作材料都可以影响居室中的能量，如果是古董的话，它的历史也同样是很重要的因素。

借助于风水学，我们就能够知道如何挑选家具，因为这关系到我们未来的定位。可是在面对现实需要的时候，我们并不总是会考虑到风水学的标准，但是适当的结合是必要的。在制作材料方面，木头通常是最适宜的，可以在任何方位都产生中性的影响。

新的家具会更新居室的环境，而旧家具会留存和淤积过去的能量。大多数家具会在很短的时间内吸收新环境中的能量。

椅子和沙发

在选择椅子和沙发时，我们将采用这样的标准：避免金属制品，避免合成纤维制品，避免冷色调、深色、忧郁的颜色，比如红色、黑色、褐色、紫色、紫丁香色或者蓝色，最好用热烈的、柔软的、喜庆的颜色替代它们，比如乳白色、奶油色、肉色、苍白色、浅黄褐色、浅橙黄色。

圆形的较松软的椅子是最容易让人放松的，同时在属性方面也是最偏向阴性的。具有直靠背的较硬的椅子则趋向于阳性。

对于工作用的椅子，纤维质五脚转椅

家居设计

是十分理想的，因为它可以让我们面对八方和中心各个方位，给我们提供更多的可能的资源。最适宜的颜色包括：奶油色、黄褚色、亮浅绿色、橙红色、暗红色、土黄色、乳白色。

对于用餐时的椅子，最理想的材质是柳木或者其他木质，具有直的靠背和填充的坐垫的话会非常舒适。它的颜色最好强烈一点，比如奶油色、亮粉色，或者是综合了其他颜色的印花。

对于休息来说，最理想的椅子还是质地松软、舒适的座椅，比如扶手转椅，可以支撑起胳膊和后颈。如果可能的话，再带有可以拆卸的、伸展脚部的装置，这样就更为理想了。

桌子

餐厅里的桌子，在有些情况下，也可以充当办公桌使用。当这两种功能兼而有之时，最好是使用矩形桌或者方桌，且质地应比较坚硬，以清漆木头为宜，配以精细的加工和艺术设计做陪衬。

椭圆形桌比较适宜召集全家人开展会议。此桌能激起会议的热烈氛围、激发创造性和促进家庭关系更为和谐，但并不适合作办公室的办公用桌。

圆形桌和椭圆形桌有些相似，适用于一些会议，并且可以让大家围坐在一起，但是仍然不宜用作工作桌。

花园中的桌子可以是石桌、塑料桌、铁桌或者陶瓷桌，因为这些材料能承受恶劣气候而不被损毁。这种桌子在日常生活中用得不多，但是如果使用的话，最好每次使用前都用自然织品作为桌布覆盖在上面。

如何布置你的家居

家居设计

● **小贴士　家具的摆放**

家具的摆放情况会反映在环境中。摆放过多的家具或者不恰当的家具摆放，会使家中的气变得混浊和淤滞。为了获得一个房间中最优的家具摆放位置，我们应当了解如下几点：

一、我们坐的地方或者我们的床不应该突兀地正对着门，因为这样我们会受到非常剧烈的能量冲击。

二、家具以受到墙的保护为宜。

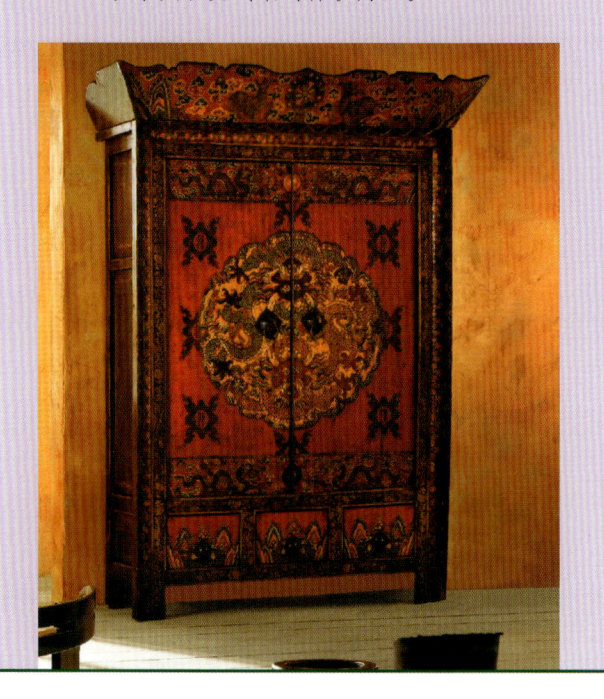

三、当一个房间的形状不规则时，家具的摆放应当顺应房间的线条，从而使整体效果显得和谐。

四、尽量使床和经常坐的地方不要处于悬顶或者欲坠的房梁之下。

五、如果某一房间占据了整个房子的长度，我们可以用家具来把空间隔断开，这样也能帮助能量进行流动。

六、家具可以分为两大类：封闭的家具和开放的家具。如果用一些相似的或者大小相同的物品填充的话，开放的家具是值得推荐的，就像同样开本的书。

如果想保存外观并不齐整，看起来比较杂乱的物品，封闭的家具就比较适合了。在设计的时候，应该给这些家具的门或者橱柜设计一些小眼或者开孔，这样光就可以进入这种封闭的家具了。

How to Decorate **Your House**

地毯的设计

羊毛织品、棉、黄麻织品、竹编织品、麻布、西沙尔麻、细茎针茅布、丝绸或者亚麻都是很合适的材料。

使用简单质朴的单一色彩，或者多种颜色喷涂，这完全根据主人的喜好而定，但是最好是热烈温暖的颜色。不要忘了，地毯是代表大地的。

抽屉

正如我们前面所提到的那样，应该在它的设计上融入一些开放的因素，从而能够让住宅中积极的能量（光、空气等）得以进入它的内部。通常打开抽屉的部件会是抽屉的拉手。

床

在前面的章节已经讲过，我们在这里补充说明一下。它可以是单纯的木质，或者用棉、自然纤维填满，抑或仅仅应用那些具有一些象征图案的织物进行覆盖，从而代替一些木块。在任何情况下，床的材质都不宜是铁、玻璃、石膏板或者塑料。

壁橱

在住宅中应用壁橱的效果非常好，因为这种家具不侵占空间，并且能够放置大量的物品。但是，应该将壁橱安置在对我们身体很积极、很有利的区域。在考虑住宅内的装饰等问题时，最先应该考虑的就是对我们自身有利的位置。

家居设计

梳妆台

通常我们会将梳妆台放在卧室,可这并不是唯一的选择。如果我们拥有足够的空间和一张很喜爱的梳妆台,可以将其放在任何我们想放的地方。但是,应该注意的是,梳妆台的抽屉或许会给我们带来一些麻烦,因为它会关住或者锁住一部分能量。

● **小贴士　吊床**

吊床在设计上把我们的整个身体都包进去了,并依照它的形状扩张到最大的程度,休息的时候就将它挂起。

在吊床上我们可以变换各种我们想要的姿式,并且整个过程中我们都是被悬挂起来的,这会产生一种很愉快、很舒适的感觉。我们甚至可以在吊床中舒适地睡眠。

门

每天我们都会通过家里的门进进出出。每一次走过它的时候,都会影响气流的循环。

气可以透过墙壁流通,但如果通过门,气流的运行将更加通畅。外门影响气的流出和进入,而内门则影响气在整个住宅中的循环。倒水时,水流会顺着壶嘴流出,这和人与门的关系比较类似,人本身产生的气可以通过门从个人的气场中流出。人的气一旦进入住宅,就会成为住宅气场的一部分,而且当然,它的影响比门的气场更为持久。当你离开住宅,通过门时,也会产生同样的效果。通过门的人越多,门的影响和重要性就越凸显。

主门

主门的方位决定了进入住宅的气流类型。另外,其朝向也会有相应的影响。设于东方并朝向东方的门会使这个方向的能量更加紧张、活跃。如果门的朝向和方位不相同,那么,它的方位影响会更为突出。门的方位及朝向都会对住宅造成影响,根据需要,它们的效果可以被扩大或削弱。如果你有小孩,而你希望家中井然有序,并且同时你正承担着一个需要责任心的工作,建议你在西北方位朝西北方向开一扇门,这会对你有好处。另外,还可以加固一下外门,能给你带来更多吉利之气。

家居设计

别墅的门

别墅的门应该比较宽大、木质、拱形，有一些象征物点缀在上面，以吸引自然中有利的元素。

神圣的符号和一些星相符号非常有利，也可以在门上设置一扇小窗，便于从里向外观察。

门框可以是石头的，门的上部要有拱，门可以是铁质栅栏的。

有些别墅受到高墙的保护，高墙可以起到高山一样的作用。有些墙也把主门围起来，这样主门就成了实际上的"二门"。这个时候要注意，这两道门尽量不要直接相对，可以用弯曲的小路将两扇门相连。

门是一种神秘的符号，穿过门以后，我们会面对完全不同的方位。在自然界当中，有很多我们看不见的隐形的门。

● 小贴士　建议

住宅入口的门，最好是两扇，并且打开后，每扇门都能够触碰到门后的墙壁。

不要在门后放置任何的伞架、椅子、衣架等。

在有两扇门的情况下，最好固定起其中的一扇，在必要的时候将其打开就好了。

白天，住宅的大门最好是一直敞开，到了晚上才关闭。这样能够加强住宅内的能量循环，使生活更有活力，进而改善住宅内人们的关系、增进信任，把他们从对他人的恐惧中完全解脱出来。

● **小贴士　门的朝向**

东南 这是很理想的朝向，有利于和谐的沟通。	**南** 南方的能量比较活跃，易于吸引注意。但是，能量可能会过度，这可能会引发争吵，从而引发分离。	**西南** 这个朝向会把住宅拖入迟暮的能量当中。
东 这是一个非常有利的朝向，特别是对于刚刚开始事业的年轻人来说。	**中央**	**西** 西方的能量总是和愉快、浪漫、收入联系在一起的，但是过度的话同样不好，会让人过于放松。
东北 这个方位的门不利于身体健康。	**北** 北方的能量太安静、平静了，不建议住宅的大门朝此方向。	**西北** 这个方位的门有利于领导力、组织能力，会增加个人对生活的掌控能力。

如何布置你的家居

家居设计

套间的门

　　套间的门最好是玻璃的，这样可以保证较好的采光。

　　这种套间的第二层门比较重要，要足够结实坚硬，门上最好有一些艺术装饰。

　　将名字写在一块板材上，放在门上部，装饰以活泼或者经典的颜色，将是不错的选择。

乡村住宅的门

　　我们可以在门上运用一些符合当地民俗的饰物饰品，这样和整个乡村环境都非常和谐，易于融为一体。

城市住宅的门

　　现代城市的住宅都十分紧密。这些建筑通常都会以经济适用的原则建筑，而很少去考虑能量的因素。这会让这些住宅的门都显得非常的窄小，非常不利于能量的进入。

　　我们可以通过装修改良或者扩大

在门后面，隐藏着我们看不见的、保护着住宅的能量。

我们的门，把它改造得就像那些老住宅或者别墅的门一样：两扇的或者是拱形的。在门上，我们可以挂风铃或小钟一样的东西。

城市中心老建筑的门

在城市的中心，通常会有类似老城区的地方，那里的建筑很有古代特色，具有艺术气息。这些古老建筑多多少少会和现代的符号融合起来，这对于能量的循环是十分有利的。

这些地方、这些建筑的门无论是从外观设计还是从风水学设计上来说，都非常的出色。但是现在，这些建筑和门都面临着被拆和改建的局面。

门后的阶梯

门后阶梯的问题，是风水学中比较棘手的问题之一。能量从门进入住宅，但是由于阶梯的存在，又重新回到了住宅外面。这个道理就和水冲上堤坝，但是由于堤坝斜坡的存在，水又流回河中是一样的。所以，这对于能量的循环和更新是十分不利的。

在某些情况下，我们有办法解决这种问题，但总的来说，解决起来还是很困难的。

家居设计

门前的阶梯

门前的阶梯从风水学的角度来讲，一样增大了能量进入住宅的难度，台阶越多，这种负面效果就越强烈。

如果这种情况无法避免，我们最好在阶梯上装饰一些有利于能量流动的图案或者图腾。

门环

门环可以是各种不同的形状，但最合适的是圆形或者椭圆形。虽然八边形在风水学中是最完美的形状，但是作为门环来讲，最好还是用圆形或者椭圆形。

门环可以是金色的或者亮金属色，可以是木质的、玻璃质的，也可以是金属锻造的。

● **小贴士　门后阶梯问题的解决方法**

●用图案把阶梯一阶一阶间的空隙挡住，或者干脆用一扇门，把整个楼梯挡住，打开门才能看到楼梯，才能上楼，关上门，就看不见楼梯。

●在楼梯前放一些物品，挡住对楼梯的视线。再或者，不让楼梯对着门，而是让楼梯处在与门有一个90℃夹角的地方。

●如果以上方法在住宅中都比较难以实现，那么我们只能通过一些图腾的象征意义来对门后阶梯的问题进行缓和了，比如马、象、牛或者狮子的图案。我们可以把它们装饰在每级台阶的立面上，这些图案会起到一定的积极作用。当然，也可以是一些西方圣徒的画像，比如拿着长矛的圣侯赛图像等，也同样可以起到将无法走上阶梯的能量吸引上去的功能。其他的方法还有，在楼梯的台阶上装饰一些花边，在挨着楼梯的墙上装饰一些花边等等。当然，还有一些有利的其他图案，也是可以选用的。

How to Decorate Your House

窗户

气流同样可以通过窗户进出，但是和门不同的是，气流不会因为人的进出而改变。但是，窗户能够使阳光进入住宅，通过这种方式影响住宅的气场。最好的一种情况是你的住宅四面都有窗，因此在所有的方向上都能接收到太阳光。

住宅的窗户要容易开。每天至少要开一次窗户，使室内的气和室外的气做一交换，排出废气，引入新鲜的空气和能量。窗户一定要做到定期清洗，如果有裂口、缺损，要尽快修理或更换。

最后，要尽量避免靠着窗户睡觉。还有，如果窗户上没有安装厚窗帘，则不可以背对窗户而坐。否则，你会感到惶惶不安，时常感到紧张，坐立难安。

在人的身体中，眼睛是灵魂的窗口。在住宅中，窗户是住宅灵魂的眼睛。

窗户的种类

大窗户

大面积的窗户方便气流进入宅中。但是如果窗户的数量太多，室内的气流循环会过于旺盛，使人难以在家中感到放松。而另一方面，如果窗户太少，气流很容易在室内滞留。最理想的状态是窗户能在比例上与住宅协调。

家居设计

● 将椅背朝向窗口是不好的。

How to Decorate **Your House**

窗户的形状与五行的关系

立长方形窗：此类型的窗与木系上升的能量相关，会在内部产生较有动力的能量。东方和西南方是比较合适的方位。

三角形窗或尖形窗：其代表火系能量，但是并不常见，也不推荐。

方形窗或者倒长方形窗：其代表了较为娴静的土的能量，特别适合用于南方。

圆形窗：圆形窗和金元素、水元素相关，可以使内部环境更为集中，产生对于呼吸较为有利的环境。由于其具有收敛的效果，较适宜东南、西和西北方，比较适用于阁楼、高建筑、教堂和船舱。

小窗户

尽管就目前的流行趋势来讲，小窗户并非主流，但仍然是比较适宜的。

北面的墙，具有磁性、能量和标志意义。永远不要在北面的墙上打窗户，即使很小很小。

南方在前，好比我们的眼睛和脸，适合开窗户。南方窗子的比例也最好符合眼睛在脸上的比例，这同样也是阴阳间的比例。

家居设计

● **小贴士　窗帘和百叶窗**

　　窗帘和百叶窗可以为气的流通提供便利，但若使用不当，同样可以阻碍气的流通。

　　窗帘的选择非常灵活。一般来说，窗帘可减缓气的流通，但是它的作用会根据窗帘的厚度等等特征而变化。在宽敞的房间中，气的流通比较顺畅，拉上窗帘可以营造温馨、舒适的环境。然而，在面积较小的房间中，如果拉上窗帘则很可能造成气的滞留。在卧室中使用窗帘对睡眠有所帮助。如果你的床靠近窗户，或者头朝向窗户睡觉，应该挂上一个比较厚重的窗帘以减缓气的流通。

　　百叶窗适合使用在面积较小的窗户上，因为它能有效地促进房间采光。金属叶片的百叶窗可以避免气流淤结，但是，从另一方面讲，金属制百叶窗给人的感觉不太舒适。木质百叶窗的影响比较中性，布料百叶窗与金属百叶窗的效果相似。

How to Decorate Your House　　191

楼梯

楼梯是气在住宅中不同楼层间流转的通道，传统的直上的楼梯甚至可以使气流转得更加迅速。

楼梯的设置改变了气在住宅楼层间流转的方式，同样的，也影响它出发和到达的点。如果住宅中的能量在楼梯上运动的时候速度较大，那么能量就会急速地通过大门离宅而去。这种现象会造成住宅内部的能量短缺。通常来讲，不建议在楼梯的开端或者末端附近睡眠、工作或者尝试放松。

知识的道路可以比作楼梯，只有一层一层地向上，才能达到最后的目的地。

家居设计

位于主门前方的楼梯

如果楼梯在主门的正前方,那么就该在门后放置一扇屏风或者围帘,再通过一个小工程改造,在楼梯的上部做一个拐角。

栏杆

大部分的栏杆都是铁质、木质或者人工合成材料。如果是铁制或者其他的金属材料,扶手的地方都应该用木头来制作。

台阶

台阶应该是木质或者熟土质,如果是大理石制品、金属或者磨石子的话,会显得过于僵硬和冰冷。这时我们可以用黄麻织物、羊毛、棉质地毯或者其他材料将楼梯完全覆盖住,或者覆盖楼梯中部的部分,形成一个向上的轨迹。

被装饰在台阶前面的陶瓷花边同样也能补偿楼梯的不足之处。

● **小贴士　楼梯**

在风水学中,楼梯的地位是很重要的,因为它连接着一个楼层和另一个楼层之间的能量。如果楼梯较宽并且呈螺旋形,那么楼梯的设计就是成功的。任何一个拐角都像一支暗箭,理应将这样的拐角柔化,比如借助植物的特性对其进行装点。永远不要让楼梯直冲大门,因为这会引起消极能量的突袭,并且其会沿楼梯直接向上,而不是从底部通过。对此有一种十分流行的解决方法,就是在门上贴门神或者是守护者的图片。这可以有效地阻止消极能量的侵袭,使其远离我们的住宅。同样非常有效的方法就是,在楼梯上放置一些可以引导消极能量向相反方向运动的物体,比较适宜的是驰骋腾跃的马、象等等,也可以将每级台阶都用些图案装饰一下。

镜子

对于风水学的爱好者来说，这种魔性的物品充满了争议。有的人认为镜子可以用来解决住宅中的所有问题。这样的观点并不正确，但也不能说错误。首先，我们来解释一下什么是镜子。镜子，就是一种具有反射图景功能的玻璃。镜子所蕴含的灵性就体现在玻璃上，并和水有直接的关系，具有梦幻和磁性的特点。

镜子可反映不可见的能量

镜子可反射所有的图景，无论是人们能够看见的还是不能看见的，并能将它们保存下来。我们敏锐的能量，比如身体的光、风、思想、先辈的影响等等，所有的一切都可以在镜子中反射出来。由于这些能量是不可见的，所以我们无法用肉眼看见它们，但是大多数家畜、家禽、婴儿和一些有灵性的人可以看见它们。

不可见的能量是有形状、色彩，并一直在振动的，但是它们属于另外一个物质维度。单纯的镜子可以将全部的这些都反射出来，并将其保存在镜子的结构容器中，再通过某些方法，将这些事物在另外的维度输出。任何事物都无法逃脱。

古代文化对镜子的看法

一些原始的文化认为镜子是被妖化的不祥之物，并不受欢迎。他们认为只有在魔法和妖法当中才使用镜子，因为他们认为镜子可以摄取它们的魂魄，然后永远地将其禁锢在镜子中，无法超脱。在传统故事中，镜子是无所不知的，它知道过去所发生的一切并且可以预知未来，在遇到困难时人们习惯去咨询镜子。也就是从这里，出现了我们熟悉的玻璃球。

在一些萨满教的传统中，镜子被用来吸引其他维度空间中最有振动特性的生物。但是如果不能完全掌控镜子的用法而乱用的话，会引发危险。根据我多年观察住宅的经验，可以证实，镜子几乎在所有场合都有害，在百分之九十的情况下表现的都是消极作用。

家居设计

有益处的镜子

没有被用过的镜子，或者说刚刚制成没有反射过东西的镜子，在住宅中会有一些积极的作用。应当把镜子放在能发挥其作用的地方，比如放在洗手间供梳洗之用。

镜子在较为狭窄的区域或者房间中也十分有用，我们可以用其来增大空间感。但是，镜中的图像从哪里来，也会被反射到哪里去。这从能量角度来说，是值得注意的。

● 镜子是一种玻璃制品，它可以反射⋯⋯自然界中，天然的镜子是水，其可以反射⋯⋯阔的天空。

How to Decorate **Your House**

无益处的镜子

有时我们会收藏一些古镜，可能是收藏品，可能是祖辈的遗产，也可能是从市场上买到的。因为那些古镜的镜框十分惹人喜爱，也十分具有收藏价值。我们可以先用一些特定的风水学物品对古镜框进行清洁，这些物品很常见，在市场上就能买到，然后用新玻璃换掉旧玻璃。

收藏风水镜是一门很精细的学问，因为风水镜有灵性、很神秘。大多数时候，我们会忽略放置镜子的方位，不了解这样放置镜子究竟是能够吸引到我们所需的能量，还是排斥了我们所需的能量。如果没有选择好镜子的朝向和方位，那么对我们来讲，就是无益处的。面对这个问题，我们应当慎重，甚至要为此放弃这面镜子。

八角镜

有风水学标签的八角镜，在一些情况下，具有八卦的卦象和各种方位。但是大多数情况下，这些用黏性材料轻轻书写在镜面上的字符并不规范，它本来想表达的含义也会因此被曲解。一旦发生这种情况，它的作用就很消极了。

这种八角镜应该以精准的比例尺寸制作，卦象也应该完美无缺地印在上面，尽可能的精准。因为，这些被印在反射发生面的字符会产生一些难以控制的效果。我们不知道它是否在吸引周围建筑的能量和住宅中那些不平衡空间的能量，从而也就无从知晓它是否在将我们住宅中原本十分有利的能量外泄。

再次强调，如果在这方面有疑惑或者对其不甚了解，那么我们还是放弃使用它吧。在市场上有一种木制八角镜，上面以浮雕的方式印有八卦，这种镜子似乎效果更佳。尽管如此，还是不推荐使用，因为在这些浮雕中间会产生阴影，这些阴影又会改变八卦的几何形状和每个卦象的精准度。如果这样的话，就又会产生不利影响了。

家居设计

● **小贴士　装饰物品的摆放**

流转在住宅或者花园中的能量，会受到相应场合的装饰物品、画、结构等的影响。这些装饰物品的影响和效果，是由它们的形状、材料所决定的。艺术品的象征内容，同样也举足轻重。

木质、纸质、金属质的箱子

这些箱子不仅可以起到安放物品的作用，还能起到装饰的作用。但要注意的是，箱子也要有一些开口或者能够让能量进入的缝隙，不要把能量完全阻隔在外。

泥塑或陶塑

用泥土制成的物品具有稳定的效果，将其放在家中的任何位置都可以，但是最好将其放在能量的西南方、象征意义的西南方或者磁场西南方。

木雕

木雕被用来构建一个更有活力的环境，放在东方或者东南方向比较和谐。

玻璃制品

将它们放在象征能量的北方、九宫的北方或者磁场北方，以期成功创建一个能让能量更加流畅流动的环境。

石雕

石头的能量并不适合室内，但是那些石质象征物或者有代表意义的符号的石雕，却可以很明显地对我们起到推动作用。

How to Decorate Your House　197

应该小心那些未经处理过的矿石，它们可能是消极能量的载体，比如花岗岩、铀矿石等，它们的辐射对身体是非常有害的。

石头

石头是应该被放在室外的物品，放于花园中或者是窗台上，因为它的能量十分的坚硬、冰冷和缓慢。鉴于这种特性，我们不宜将其放置在住宅之内。

石头的特点，对我们的身体是不利的，这一点和金属、水的部分特点相同。如果我们坐在一块石头上，我们就能够感受到它的作用效果。那些角落会很快地让我们感觉到一丝冰冷，它坚硬的外表同时也让我们感觉到一点疼痛。

对人体不利的石头

有一些石头，比如花岗岩或者其他未经雕琢和处理的石头，会发出一些射线，这对人类的生存来讲是非常有害的。如果一座宅院是坐落在一大块花岗岩上，这些住宅中的人得病将是一个必然的结果，这已经得到了证实。因此，对于放射性的石头，我们需要非常谨慎。

大多数情况下，我们无法识别家中的石头、矿物的放射性和振动。什么种类的能量能为我们所用，何种方位是放置的最佳位置，这些都值得我们探讨。也就是说，我们不知道该在某个区域放置较轻快的能量，还是重而缓慢的能量。

在意识中，我们都倾向于按照时尚、美观的方式来进行布置。但是，这样通常会产生风水学上的相反的效果，

家居设计

甚至绝大部分情况,那种摆放连中性的标准都达不到,更不要说有益。在此种情况下,唯一重要的事情就是认识我们所应用的能量。

不要忘记,石头是有生命的物体,它生于土地的中心,总是被土地覆盖和保护着。同样的道理,它们也需要土、光、空气的滋养。当我们从地心中将石头挖掘出来的时候,我们也在改变着它们的能量。

有保护性效果的石头

某些石头雕像,比如狮子、鸟类等动物的石像,置于寺院和宫殿门口的门神等石头肖像,都有一些积极的保护性效果。

位于泉中或花园中的天使、仙女和圣母的石像、石柱等,即使是未完工的毛石,也有一些很积极的效果。但是,我们应该把苔藓、地衣、低矮的植物放在石头的周围,用它们的绿色来减轻石头的沉重,使其柔化。

石头可以平衡一些致病的能量。比如,地下水改变了一些地区的特性,那么,就可以用具有某种放射性物质的石头对其进行中和。但是要想达到这种应用程度,需对这其间的知识有非常深入的了解。

宝石和次等宝石

这种石头是矿物质与能量在地球表面形成的一种结晶。就像香料要结合某些特定的香味一样,宝石是在很深的地下形成的。能量在地下的某一点聚集,经过数千年的变化,才形成了宝石。

这些石头所放出的辐射很强烈,可以非常快地影响它周围的能量。

次等宝石是通过有瑕疵的过程形成的,因而它的能量也就比宝石低了一个档次。

在宝石中,我们可以提一下阳起石,大部分人对于这个石头有些陌生。它有着很温和的颜色,有一些灰绿,可以把人引入沉思,能够使能量变得和谐,使人的内涵得到增长。

● **小贴士　内部物品**

分布在我们住宅内部的物品构成了我们直接接触到的全部环境，它们可以帮助我们或者成为我们生活的桎梏。这些物品向我们传达着抽象的信息，这些信息直接引起我们的下意识，我们的意识就积极地或者消极地将它们表达出来，就成为了各种积极的或者消极的行动。

住宅中的物品分类

有用的物品	无用的物品	圣物	灵性物品
单独使用的餐具	目录	活着的植物	镜子
整套餐具	烟雾弥漫的物品	象征性的图画	民族特色纪念品
家具	装饰用家具	佛像	儿童的涂鸦画
衣物	残次的艺术品和雕像	图腾	灵域的图片
鞋子	没有用的纪念品	化石	天使塑像
家用电器	不认识的人的海报	天使塑像	仙女塑像
通信设备	工业品石头或矿石	曼荼罗	祖传烛台
裁缝桌	位置不适的椅子	勋章	先辈的照片
灯	无风时的风铃	帷幔	真实的剑
化妆品	无阳光处的玻璃球	圣·潘格拉修像	手工面具
清洁用品		花园精灵	东方三圣像
食品			贞洁的朝圣者
书			祖先的声音
			印度圣歌

家居设计

消极的物品其是一些外表看起来无害的物品，或者经过装饰后看起来无害的物品，实际上却可以为我们制造很多麻烦。围绕着我们的各种事物其实就是各种能量的容器，无时无刻不在储存着能量。如果我们不知道它们储存的能量属性，最好就不要使用它们。神经系统会在我们无意识时，对它们的各种弊病做出反应。

住宅中的物品分类

有用但有消极影响的物品
金属垫子
针或者别针
图钉
床和床绷
金属物品
劣质食品
干枯的植物
微波炉
圆形座椅

消极且无用的物品
面具
有消极、晦暗、暴力、模糊图片的相框
动物干尸
没有干的向下生长的植物
医学院学生所用的头骨和骨架
解剖用的肢体标本

消极但神圣的物品
耶稣受难像
有痛苦表情的圣徒
在住宅内部的石头

消极但有灵性的物品
用过的镜子
巫师用过的面具或物品
具有宗教或精神象征意义的图片或被诅咒的图片消极却有灵性地方的照片来自不认识的病人的物品。

房间的布局

布局

　　在布置住宅空间之前，想一想各个房间将起的作用。在决定将哪个房间布置为何种房间的同时，要运用阴阳、五行、八方的知识，思考在哪些地方会用到何种理论，以及怎样应用。这样，所有的活动都能够从空间的能量中获益。

　　最理想的状态是将房间安置在与其功能相适应的方位上。当然，这种理想的状态并非总是存在的。我们购买住房通常考虑的是地理位置和价格，如此似乎就已经足够了。而装修和布置住宅的过程，人们往往显得非常随意。如果是这种情况，那么限制就很突出了。所以，在添置住宅后，需要利用风水学原理疏导能量流，从而让能量更为有利。

　　正因如此，对空间进行布局时，牢记你的动机、牢记如何获得有利的能量、牢记如何利用这些有利的能量，就显得犹为重要。在此过程中，并不是必须遵循那些古代大师的布局想法，我们可以更自由地进行选择，不用顾及在哪里、如何以及为什么这样安置。

- **小贴士　住宅中的五行**

住宅中的每一个区域都被五行中的一种元素控制着，了解这些，我们就可以很好地处理能量，使其为我们服务。

	水（北方）	木（东方、东南方）
九宫图中的八方和中心这九个位置，每一个位置都代表一种能量的方向，然后形成具像，体现在我们生活的环境当中。	有利于： 内部发展 平静 精神 性生活 亲切的表现 独立 理性的思考 肥沃 梦想	有利于： 新的计划 职业生涯 良好的开端 活动 工作 野心 集中 创新

火（南方）	土（西南方、中心、东北方）	金（西方、西北方）
有利于： 激情 扩张 声望 节日 精神刺激 新想法 社交 自发性	有利于： 稳定 有条理的步骤 安全 清晰的思维 家庭的和谐 营养 母性 家庭 谨慎 亲切	有利于： 先见之明 收入 领导力 组织 对事物的总结能力 朝前的眼光

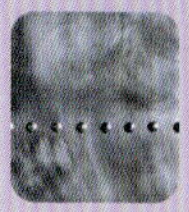

如何布置你的家居

房间的布局

房间与阴阳

北方和南方分别代表阴和阳，东方是阴气下沉变为阳的地方，西方是阳气上升变为阴的地方。由此，能量就构成了一个无止境变化的循环。

阴和阳是两种既冲突又互补的能量，如果我们想平衡住宅中的阴阳二气，使我们的身体处于阴阳滋养之列，首先要做的是弄清楚我们面对的究竟是何种能量。如果连这一点都不清楚，我们只能靠简单的逻辑推理和主观感受来做出判断，比如，通过观察光线、温度、空间等来做出判断，从而寻找适宜我们自身的阴阳调和的状态。

在东方，人们认为心是意识的主导。心灵的修养可以让我们表现得更加文雅。

● **小贴士　房间**

从风水学角度来讲，建议大家的房间最好为矩形或者是正方形，避免不规则的形状。否则，气就会被房间的形状影响，很难顺利地在房间里自由流通，从而造成能量的失衡。

How to Decorate Your House

如果空间十分狭小，我们可以通过改变墙的颜色、更换家具、调整光线和家具物品的位置等方法来增大空间感。这种阴阳平衡的逻辑，对我们来说是最主要的也是最有效的方式。

● **小贴士　诊断阴阳**

为了能够诊断和发现住宅中究竟哪些区域属阳、哪些区域属阴，你需要一个人独自安静地驻留在家中，没有任何的噪音和外界的刺激，从傍晚一直到深夜，舒适地坐在住宅的入口处，绞尽脑汁地问自己：我想在哪里休息？我想在哪里工作？我们希望得到来自内心的愿望和下意识的回答，而答案，恰恰也来自于我们的内心。这是一种能够让我们切实感受到阴、阳的练习方法。

- **属阴的区域**

属阴的区域通常是不见阳光的区域，穹顶较高，空间较大，通常会远离大门，和磁场北方的特点相吻合。

- **属阳的区域**

属阳的区域是较为明亮、温暖、热烈、空间较小的地方。这些区域会更接近大门，有较多人走动，比如走廊等地点，和磁场南方的特点相吻合。

房间的布局

How to Decorate Your House 207

问题元素及其解决之道

某些元素会对住宅区域的边缘之气产生消极的影响,但是我们能够采取解决办法减少甚至消除它们的消极影响。

具有突出侵略性的角

化解方式就是在角的前面装上一个向外凸起的木板条,这些木板条在市场上都能找得到,并且有相关的制作标准。如果想将这个角包得更圆滑,可以定做一个更为合适的包角的配件。如果条件允许,可以在这些区域放一株较高的植物或者一盏较高的光线朝上的落地灯。

较有侵略性的角

能量和气会在房间中的某些角落集结下来,从而形成此角。

解决的方法与上文提到的恰恰相反,即用木板条做一个向内里圆滑凹进的转角。另外,可以在此处放置一盏落地灯,并尽可能地让其常亮。

紊乱

这种情况会使住宅中的气流减缓,并加大能量淤结的危险。为了避免这种情况的发生,需要保持住宅的干净和整洁,并将可以放在家具或者器具里面的东西都整齐地放在里面。

缺乏自然光

光是促进能量和气在住宅内进行流动的主要因素之一,因此住宅中自然光的缺

房间的布局

乏会产生很严重的风水学问题。

如果住宅中缺乏自然光，那么就尽量打开灯具或者点蜡烛，即使是白天也应如此。另外，在住宅里养一些并不需要很多光线的植物，比如洋常春藤。

屋梁

大多数的屋梁是木制、混凝土或者钢材的。屋梁无论是裸露在外，还是隐藏在穹顶里面，都会对气的流动造成阻碍。尤其是多层房屋的钢制承重梁，会严重扰乱气的流动。出于这个原因，生活在屋梁下面的人，会感受到它沉重的压迫感。屋梁离地面越高，它的影响就越微弱。

通常，不建议人们睡在屋梁的下方。遇到这种情况，可以在穹顶放一面反射镜，或者在下面养一株高大而茂盛的圆叶植物。

悬顶

这种屋顶在北欧是很具特色的，显得冰冷而明亮，会对气产生压抑，并且会创造一个比较紧张的环境。在其下面睡眠是很危险的，特别是在相对低矮的位置。因为我们身体的能量场具有3米的直径，我们应该让这个场在各个方位都有足够的空间。如果距离仅仅为1米，我们的身体就会感受到压迫感，甚至会产生强烈的偏头痛。

遇上这种情形，可以在悬顶上放一面镜子，这样就会产生一种高度增加的感觉，如此则可以使能量向上方循环。

How to Decorate **Your House**

客厅

客厅是进行聚会或者家庭生活的地方。人们在这里招待客人、组织家庭聚会或者举办较大的活动，在一天的工作之后，还可以在这里读一读书、看看电视，或者听一听音乐，让身心得到放松。

通常，客厅是住宅当中面积最大的一个区域，如果空间比较狭小的话，可以尝试用相邻的房间对其进行扩展。在小一些的套间中，客厅和餐厅会经济地被合为一体，这样，拜访和用餐的功能就合为一体了。当然，一个房间也是完全可以调和这两种功能的。

在此区域中，桌子、椅子、沙发、扶椅、照明灯、电视机、保存餐具和书等物品的家具的摆放很重要。这些家具在房间中的布局决定了整个房间的环境。

另外，沙发应该占据此空间中最好的位置，而最坏的位置留给电视机。

● **小贴士　电视机应被放在较差的位置**

为何要将电视机放在较差的位置呢？这有两点理由：
●我们的身体需要借助家中的其他物品来休息、进餐，所以这些物品应该占据最好的位置，从而改善我们的健康状态。

●从风水学的角度来看，那些较差的位置不是缺少光线、次要的、两扇门之间构成能量通道的位置，就是不规则的、锐利的拐角。这些区域在放置一台电视机以后，能量会得到改善和补偿。

房间的布局

● **小贴士　客厅中基本的有用之物**

- **桌子**：可以放在房间的中央，陪伴着沙发。但最好还是把它放在一边，让能量从房间的中央顺利流过。桌子最好是一整块涂有清漆的实木桌子，长方形或者是正方形，避免使用玻璃或者金属制的桌子。不要将桌子正朝门口，或者摆在门、窗之间的位置。靠背较高的合成材料的浅色椅子的摆放原理，也是如此。
- **椅子、扶椅**：以木制、有坐垫者为佳，最好是柳木制，有羽毛、棉花、羊毛、乳胶填充的坐垫。
- **沙发**：沙发是客厅里十分关键的物品。我们需要休息的时候，总会想到沙发。通常，沙发还有床的作用，所以最好把它放在客厅最好的方位。这些方位大多时候会被其他家具所占据，在这种情况下，就需把这些家具挪开，把沙发放在那里。沙发不应放在房间的中央，且背朝门口，应把它放在与门、窗三点一线的地方。
- **照明灯**：以向上照射的、具有可控制开关的落地灯为好，其垂直的光源可以加强木属性的能量，有利于创建一个和谐的环境。
- **植物**：其可以净化环境，并给我们带来平和与自然。以茂密的、有粗壮枝干的圆叶植物为佳。
- **电视机**：电视机和其他电器设备都会对我们产生消极的影响，尽可能地将它们放在远离沙发、床、扶椅的地方，在不用的时候要记得拔下电器插头。
- **墙和地板**：以木材、拼花木板、羊毛粗毛织物地毯、西沙尔麻地毯等为地面材料，更能聚积能量、更健康。墙面用浅色调可以使空间变亮，深色调可以削减和吸收光线，产生一种空间的收缩感。
- **窗户**：木制仍是最理想的材料。即使现在铝合金材料、塑料复合材料、不锈钢材料的应用日渐增多，但是这些材料都没法提供木材那样好的效果。尽管这样说，但这并不意味着这些材料非常有害。
- **窗帘**：以棉、线、羊毛、绸缎的面料和浅色调为佳，这样的窗帘会给房间带来温暖的感觉，也能和房间里的其他家具很融洽地搭配。
- **画**：只有那些有积极符号和内容的画，才是真正有利于我们的画，避免那些画有不规则的形状和内容含糊、不知所云、无法判断利弊的画。色彩乖戾、冲击性强的画也尽量不要用，这种画会经常吸引我们的注意力，传达一种下意识的不正确的信息，从而耗尽我们的精力。最好放置一幅和谐的大自然的图景，这样可以保护我们的住宅。

房间的布局

餐厅

当代社会，由于生活节奏的加快，晚餐时间差不多已经成为我们一天当中唯一能和家人聚在一起的时间。即使家里的空间再小，也要预留出一定的区域，能够让我们和家人聚在一起，共享晚餐。

这种空间应该由有利于健康的宇宙家系中的一星、六星、八星来主宰，避免被病态的五星、二星和九星掌控。如果不能确定哪里是有利的，我们应该观察一下，在桌旁用餐时发生过什么。

我们过得放松和愉快吗？我们能够享受我们的食品吗？会发生争吵或者紧张吗？我们会邀请一些刚刚和我们发完脾气或者争吵过的人吗？……如果有过一些不愉快的经历，那么就该考虑改变桌子的位置了，把它放在能够让我们感到轻松的地方。

装饰元素

我们所选择的餐厅装饰元素以及所有的装饰元素都应该有助于创建一个更加舒适友好的环境。装饰并不意味着进行大的改动或者胡乱涂抹，而是美化。不要买一些只用来放在橱窗里看的东西，或者仅仅因为某个东西时尚或者别人拥有，你就想把它买回来。让我们问问自己，它到底有什么用处，亲身试用过的感受如何。有些有用的东西在市场上大量存在，种类繁多，花式各样，我们可以选择美观、耐用、轻便的。核桃钳子就是一个很好的例子。购买时，稍稍注意其内径的大小，以免造成不便。市场上的核桃钳子有很多款式，比如用来砸核桃的锤子，使用时需要在底下垫木头等等，会很

房间的布局

闲置的空间会蓄积有利的能量，帮助我们的身体消化和吸引能量，更方便滋养我们自身。过多的物品和家具不仅侵占了我们的空间，也让我们感到压迫感。

笨拙和繁琐。有些钳子更为复杂，它们可能应用了复杂的机械装置，把一个很简单的事物复杂化了。在同样档次的产品中，那些看似时尚的东西往往操作上并不实用。

餐厅中所有的有用物品都应该经过精心的挑选，在选购时要考虑到我们身体的感受。

比较昏暗的光线可以为看浪漫的电影提供条件，但是在其他时候，还是建议用模仿自然光的具有双向开关的灯泡。蜡烛会增加住宅内火的能量，或者制造一个温暖而有生机的环境。

自然木地板比较容易清洁，还能让我们的身体产生一种放松、舒适的环境。赤脚走在上面，也是一种享受。

色彩

在选用颜色时，一定要保证所应用的颜色同属于一个标准：温暖的、柔和的、明亮的等，避免过分阴冷或者过分阳刚、过分刺激的颜色。

餐厅用桌

圆形或者椭圆的餐桌更方便于布置和调整座椅的位置，这样就能让主人根据身份、地位、辈份等标准，合理地安排坐次。如果换作是方桌或者长方形桌，那么在桌上进行的活动会对关于计划、安排、工作的能量产生很大的刺激。而圆形和椭圆形餐桌可以激发人与人之间沟通和交流的能量，不仅如此，还会增强人的设计能力。如果你和另外两个人坐在一张加长的桌子旁边，并且分坐两旁，那么就会产生距离感和隔阂感，这样就会对交流产生不利影响。

桌面应该是浅色、亚光风格的，即使颜色不是很浅，也不能让桌面的颜色过暗。不能把桌面漆成白色、银色、墨色、深紫、深棕色、灰色等，因为这些颜色会产生抵抗感，无法吸引我们，也无法给予我们帮助。还要注意的一点，就是桌子一定要便于清洁。

自然木材都很经久耐用、方便储存。浅颜色的木材，比如松木和榆木，是偏阴的，比较适合做家庭的餐桌。深颜色的木材，质地较坚硬，纹理很漂亮，比如栎树、桃花心

房间的布局

● **小贴士　装饰**

好的装饰元素有利于住宅中的和谐与舒适，我们应该让美好的东西环绕在我们的周围。它们可以使我们产生愉悦的感觉，为我们带来美好的回忆，即使现实中那些景物、人事早已不复存在，但回忆依然是完美的。不过，对于那些会给我们带来不良回忆的物品，我们最好还是远离为妙。

一件物品，如果它之前的主人夫妻关系不和，那么也会对它后来主人的夫妻关系产生不良影响。

我们一定要注意，在开始一段新生活时，是否需要替换掉和之前配偶共有的东西。因为有一些不愿回忆的东西会让我们感到难过，并影响到和现任配偶的关系，比如床和床头柜。

用风水物品进行装饰的话，会开辟一个广大、热烈、简单而自然的环境。如果我们喜欢豪华一些，用具有很有高价值又很优雅、有内涵的物品，效果会很完美。但在这样的环境中，需要安置一些简朴、自然的东西混合一下。

木或者柚木，偏阳性，是更适合用于正式场合的木材。

为了柔化能量，也可以利用自然材料织成的桌布。桌布、餐盘和其他的附件都可以影响到餐桌周围的环境。那些微小的细节，比如餐巾的颜色、每一块餐巾的形状、装饰用的植物等等都会产生有益的作用，从而丰富房间的环境。

如果我们感到不适，就应该去探究清楚，是什么原因导致了这种情况。色彩？光线的缺乏？较低的温度？合成材料的深色织物？有金属支脚的家具？玻璃材质的桌子？塑料椅子？……在真正的原因面前，我们的身体会感觉到一种持续的斥力。

装饰最重要的是能够和周围的环境搭配协调，让我们的身心感到愉悦、舒适。

How to Decorate Your House

卧室

在每天的二十四小时当中，我们几乎将六到九小时用在床上。因此，卧室的方位和设计就给我们提供了一个和大自然中能量相融合的机会。

睡眠质量对于人的健康来说是十分重要的，所以卧室一定要能够提供良好的睡眠环境。如果睡眠质量较好，那么你醒来以后会感到精力充沛，动力十足，浑身充满了力量，会以全新的面貌投入到新的一天。

夫妻的卧室是爱情关系中很重要的一页，因为那里是夫妻温存和进行性生活的地方。如果你有一个很平凡的家庭，很可能夫妻卧房是你唯一能体会到亲昵的地方。

卧室应有利于睡眠

在建立一个有利于睡眠的卧室环境的时候，电器是一个不得不考虑的因素。在我们的卧室当中，最好不要有任何电器，比如电视机、收音机、闹钟、电话，还不要有过于强烈的灯等。不仅如此，家具也不要过于复杂，最好也不要有镜子，因为所有的这些都可以影响到我们的健康。根据风水学的内容，上述器具最好都放在卧室的外面。

所有上述提及的电器设备都可以产生一种电磁场，这种电磁场会在我们熟睡时影响我们的神经系统，而恰恰在这个时候，我们的身体免疫力最差，难以承受如此的重压。

房间的布局

● 卧室是最为隐密的地方，应该为我们提供完全放松的环境，为夫妻生活创造条件。

●

How to Decorate Your House

卧室应处于有利的方位

如果一座住宅中有几个房间，那么选最为安静的那一间作为卧室比较理想。另外，这个房间应该能看到初升太阳的晨光，这样，每天上午你的能量会被加强。

对于成年人或者是年长者来说，卧室的方位应该在北方和东方。北方的能量更为稳重和温和，有助于提高睡眠质量。这种能量能让人得到充分的放松，但是不利于使我们的计划充满活力。这些不足之处，只能靠我们自己来弥补。在需要的时候，只要空间允许，我们可以更换各种位置，从而利用各个方位的能量。我们可以暂时地体验一下各种能量，弄清楚这些能量对我们产生的影响，从而最终做出决定。但是我们要记得，房间中能量的方位要比磁场的方位更为重要。

卧室中应该注意、避免的事项

●明显的转角。因为我们在卧室中度过的时间较长，所以卧室中最好不要有明显直冲着床的尖利的角，无论是家具的角、房梁的角，还是柜子的角。

● **小贴士　卧室的基本元素**

●**植物：** 尽管说在房间里不要有太多植物，但有一些是不妨碍的。最好是有一些圆形叶片的植物，以迎合我们的习惯，使我们身心愉快。

●**灯光：** 灯光应该柔和，不要过于直接，这样就有利于休息和夫妻间的亲热。点几根蜡烛可以增添几分更为自然的浪漫气氛。

●**床：** 木床会产生一种中性的能量，床上的小抱枕可以预防人体受到多余能量的侵害。床不宜紧挨墙壁，应该留出一点空间，以便能量能够顺畅地流通。

●**家具：** 如果一定要在卧室中放置家具，那么就放一些圆角家具。假使家具的尖锐棱角较多，一定不要让这些角指向卧床。在木材方面，要选择颜色较浅而柔和的木料，浅粉、奶油色、象牙白，或者是亮玫瑰色的木材就不错。

●**地板：** 地板的材料要柔和、自然，这样对于我们解除劳累、恢复体力很有帮助。如果地板让人感觉过冷，比如大理石地板，我们可以铺一层暗色的羊毛地毯。

房间的布局

●**床单**：用棉制、亚麻制或者丝绸的床单和床罩，可以形成围绕我们身体的很和顺的气流，避免使用满是印花、颜色浓重、发暗、偏冷的床单和床罩。

●**窗帘**：用自然纤维的、颜色和缓、带有温暖色彩印花的窗帘，有助于建立一个更适于放松的有利环境。

●**衣柜**：衣柜宜大一点，表面颜色不要过重，有可供开关的衣柜门。如果可能，还可以把衣柜作成壁橱，在门上做一些镂空。这样不仅能够让光线进入到衣柜里面，还能保持气流的畅通。如果有穿衣镜，应该将其安置在衣柜门的内侧，这样就不至于让镜子影响房间内的能量了。

- 镜子。镜子会反射我们身体的能量，并且很容易将其储存在镜子当中，再以一种较沉重的能量反射到我们的身体上。
- 电器设备。正如前面所提到的那样，在卧室中最好不要放置电器设备，比如电脑、电视机、电话、闹钟或者手机。但是即使我们的卧室中有那么一两件上面提到的电器设备，也并无大碍，只要我们在不用的时候将它们的插头拔掉，或者将整个房间的电源都断掉，再或者安装一个自动断电设备，就可以很好地避免其对我们的伤害。
- 套式中的洗手间。在较大的房子中都不止一个洗手间，这其中会有一个主洗手间，另外的洗手间会被设计在卧室当中。这种卧室当中的洗手间就叫做套式洗手间。这种配套的洗手间会让卧室充满了潮气和不良的气味，驱赶掉其他相对健康的能量。如果卧室里有洗手间，记得把洗手间的门关上。
- 书。装满了书的书架不应该被放在卧室当中，因为在睡觉时我们的精神并不敏感，也不适合接受。书和书架的影响并不直观，但是会导致思想上的活动，让思维沉重和疲劳。

床头

床头在外观上应该显得柔和与令人放松，最好有种性感和梦幻的设计动机。主题可以是多种多样的，但一定不要偏离柔和与甜美。其可以是植物材料的编织品，也可以是雕花的木材，还可以是柳条的编织品、竹子的编织品等等，尽量保有自然特色和韵味。

其颜色要很柔和，色调要浅而温暖，能够产生让我们的身心得到放松的效果。如果我们不想要床头的话，也是可以的。这时用丝绸、羊毛、亚麻、棉等材料的织品作为装饰是十分不错的选择。也可以单纯地放一个抱枕或者靠垫在床头作为装饰，来代替床头原有的作用。其他的选择还有很多，如在床头的墙上放一幅弓形的画来作为床头的装饰，但是尽量避免用铁、石膏板、玻璃、大理石和塑料制品。

房间的布局

小桌

它的作用就是临时存放我们可能需要用到的小物品、小东西。

理想的小桌是圆形、木制、浅色，并且最好只有一个旋转螺纹的粗支脚。

避免在小桌子上面放置过多、过大、过重的物品，或者在小桌的抽屉里放金属物品、电器等。

通常不要用带有抽屉的小桌子，即使有，也应该是有开口的抽屉。

> 在枕头、坐垫内应用药用植物，会在不同的程度上影响到我们的身心健康。

● **小贴士　熏衣草香枕**

抱枕的填充物我们要选择羊毛、棉花、羽毛等，但是我们可以在其中掺杂一些植物香料。如果使用得当，效果会有增无减。比如，如果我们患有失眠症，可以在枕头中放一些虞美人。

枕头甚至可以完全用草药来填充，比如熏衣草，因为它的香气十分特别、有益和健康。当我们睡觉时，我们会吸入它的香气，这有助于我们恢复体力，且其贴近于自然的味道能让我们得到最大程度的放松。这种植物的历史由来已久，从古代起，人们就将其放在衣柜中，用作装饰物和空气清新剂。

儿童房

儿童房，通常既是孩子的卧室又是孩子的游戏房，白天要充满活力，夜晚又要求十分静谧。对于很多父母来说，让孩子夜里能够沉沉睡去、获得良好睡眠是最理想的，所以很多时候他们忽视了能量的作用。儿童房的能量应该和小孩子的身体特质相吻合，能够满足他们成长、活力与刺激的需要。

如果有两个或者更多的孩子共处一室，那么这个卧室很可能会变成他们之间战争的舞台。将所有孩子的床都朝向同一个方向，那么他们之间的关系就可以得到一定程度上的改善。如果你和你孩子的关系并不融洽，或者已有一段时间的紧张，那么就在一定的时期内把你的床的朝向调整得与你孩子的一致，直到问题得到解决。

如果你的孩子们是共用一室的，你要保证他们中的每一个人都能够拥有自己的空间。

房间的布局

让孩子选择床的位置，然后再放置其他的家具。这样，他们能够更简单地接受能量，选择更有利于睡眠的地方。

儿童房应处于有利的方位

儿童房应该与早晨的能量相联系。这样的话，东南方和东方是非常适宜的方向，但是也不要忽视了西方的能量。因为从这个方向可以接受到黄昏的能量，特别是如果孩子特别活跃，黄昏的能量可以对其起到一定程度上的中和作用。

东方可以积累年轻人的果敢，与成长和发展的联系较为紧密。那里的能量是很具有刺激性、很有活力的，是带有日初的印记的，象征着未来。每一天都始于东方，同样，对于孩子们来说，他们的新生活也是从东方开始。然而，这个朝向可能并不利于睡眠，因为这个方向的能量相对比较具有活力。

东南方同样可以促进成长和活力。但是，这里的能量相对于东方来说比较缓和，有助于孩子更和谐地成长。东南方向的能量很平静，很有利于睡眠。

西方的能量是很稳定的。在此方向睡眠，睡眠质量会得到很大的提升。同时，其也和火相联系，但是不包括前面所提到的那些好处，比如，孩子成长、和谐发展方面。

儿童房应该避免的事项

- 门庭大开。在夜晚的时候，还是应该关上房间的门和窗帘。这样，能量开始流动缓慢，孩子也会入睡较快。
- 床头在窗台下。孩子的床头应该远离窗户，否则会干扰孩子的睡梦。

避免在孩子的房间中放置过重的家具。原因很简单，这些家具往往需要很大的空间。那些古旧的家具、宽大的抽屉，会让孩子觉得他的房间像监狱一样。

房间的布局

- 家具钉在墙上。这种做法是不适宜的。首先,因为墙上本来就不应该钉一些东西(房间的皮肤应该得到应有的尊重)。其次,如果家具被钉在床的上方,有可能在孩子睡觉时发生危险和意外,让他们在下意识中产生害怕和不安全的感觉。
- 电器设备。为了避免不必要的电磁射线对孩子产生的影响,不要将电视机、视频播放器、电脑等放在孩子的卧室。
- 杂乱。孩子房间中的各种杂物会很快充斥在房间的各个角落,杂乱的房间会产生混乱和挫败感。应该将它们收拾起来,让房间变得整洁。

● **小贴士　儿童房的元素**

- **抽屉**：适当数量的抽屉可以有效地腾出空间。为孩子做一些适合他们身高的抽屉，这样可以让他们自己把玩具收起来。

- **家具**：圆形的椅子和桌子可以使气流被截断，比较亮的颜色可以增加刺激性。

- **地板**：自然的木制地板可以加强木属性的能量，能够避免气的淤积，并且便于清洁。

- **灯**：使用在天花板上反射一定光线的壁灯，可以加强房间的木属性能量。这比普通的落地灯要好一些，因为它们会在地上拖着长长的电线。

- **床**：床的填充物和枕头应该是很可爱的。蓝颜色和西方的能量很融合。如果有一个睡眠不太好的婴儿，那么就将他的摇篮朝向北方，效果很好。

- **窗户**：布料的百页窗会减慢通过窗户的气的流动，但不至于使能量淤积。

- **墙**：浅蓝色可以传达一种和谐和平静。在墙上贴一些小星星，可以增加火的能量。

- **转铃**：转铃的微小运动可以对婴儿产生刺激，或者让他们感到放松。放一个金属的、偏阳性的转铃在房间的西方，可以增强它的效果。布艺的浅色转铃则属阴性，更加偏于安静。

- **玩具**：木材是用于制作玩具比较好的材料，坚固耐用。除了亲近自然的特性以外，它还很温暖，在外观上也很可爱。

- **画**：布画会减缓气的流动，本身也不会反射光线。在选择时，要根据孩子的喜好选取那些积极的画。

房间的布局

● **小贴士　能对孩子起到保护作用的图案**

在孩子的房间中最好放置一些具有保护作用的图案，守护天使就比较合适。守护天使代表我们都有的保护性质的能量，这种能量在童年时尤为活跃。其也可以是一些真实的动物，如狗、马、熊，甚至是猫。对于孩子们来讲，它们都是其想象、爱、保护感的源泉。这些出现在画面中的动物最好是家人拥有的，比如自己家养的狗或猫，爷爷的马等等。这些图案还可以是住宅或者宅第的图片、家庭庄园、仙女的图像、小精灵的图像、美人鱼的图像、大自然的图像等等。如果孩子正在接受宗教教育，也可以放一些圣母或者和他名字相同的圣徒的画像。

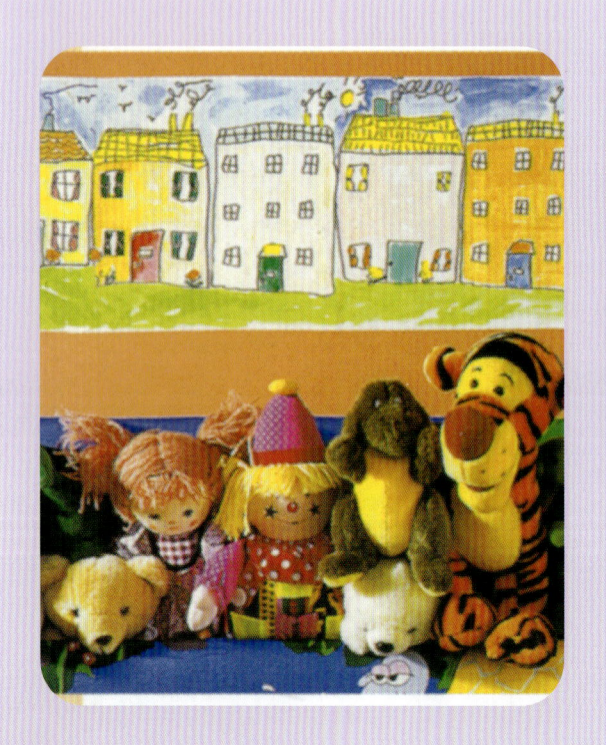

房间的布局

- 光线良好的房间应该是浅色调的,这样就可以创建一个很和谐的环境。

厨房

在遥远的东方,食品拥有着药一般的功效。东方的医生认为平衡的饮食是健康和长寿的钥匙。阴阳五行就如体现在建筑上一样,也体现在食物当中。传统的东方医生会根据这些原则,为他的病人开一些食品,以起到治愈的功效。

厨房的能量影响着我们制作和进食的食品。所以,在住宅中,厨房的地位是举足轻重的。厨房中,存在水、火这两种不相容的元素,所以要妥善安置水池和炉灶的位置。

在住宅外面的厨房

从能量的角度来看,这种厨房的方位对于住宅来说是很重要的。这里是生活开始的地方,全家人每天都依靠从这里烹饪的食物生存。在古代,无论是厨房还是化学实验室,在那里,术师们试验配方,混合各种药品,以期使人们的健康得到改善。

在古代和现代的某些文化当中,厨房是被安置在住宅之外的。这并不是说我们的厨房必须安置在住宅之外。我们只是引出此种现象,从而思索,古人为什么要这样做。但是很遗憾,探索没有任何的结果。但是,寻求问题答案的过程是很有趣味的。

我们的祖先是怎样形成这样的习俗的呢?有一种说法是这样的:厨房的能量是旨在健康和活力,不应该和住宅当中的休息的能量、消极的能量、精神的能量相混

● **小贴士　理想的厨房**

厨房是人们为家庭成员准备食物的地方,鉴于它和健康的密切联系,应该把它打造得明亮、宽敞、放松、色彩搭配恰当。这样,在烹饪食物的时候,就会在食物当中渗入一些积极的能量。

如果可能,家具尽量是木制的。如果不能保证这一点,用胶木模仿的木材同样也可以。

操作台同样也应该是深色木制的,尽量深一些,或者选用白色或者粉红色的大理石。炉灶用煤气比较好,尽量不要用电,因为电会影响食物的全部能量,破坏食物的营养成分。最后,永远不要在门的背后烹饪食物。

房间的布局

合。由于这个原因，古人才把厨房安置在住宅之外。我认为的另外一个原因是：在古代，古人的生活环境大多是农村环境，所有的食物都是自给自足、自产自销的，也就是说，都是在自己家里种植或者生产的，比如做一些香肠、果酱、糕点、面包、酒酿等等。这些食品的制作是只能在住宅以外的地方完成的。通常，人们从菜园和果园等地采摘蔬菜、水果等食品原料，在家中制作完成。这样不仅自己家人可以食用，还可以拿出去交换。而在住宅外的厨房恰恰有和外界接触的机会，能够让人们进行交换活动。因此，在大多数情况下，厨房会有一扇供人进出的门。上述这些思考会让我们有一个很积极的结论。

当代，我们已经走到了另外的一个极端。现在我们不仅基本不怎么使用厨房，还把厨房设计得很小。我们所食用的食品也大多是工业制成品、储存食物、速冻食品、熟食等。在一些欧洲城市，比如英国一些城市，已经开始建设没有厨房的小户型住宅了。这对于现在的我们来讲，是意味深长的。我们越来越排斥在我们的家中准备食物了。对于能量场来说，这意味着我们除去了我们生活能量的源头。我们本来所需要的能量越来越少，药品工业和食品工业正越来越多地提供着我们日常所需的能量。

然而，这并不是要求回归到我们古代先辈的那种将厨房安置在住宅之外的做法，也不是适宜的做法，因为它完全把厨房删除了。我们应该找到一个折中的办法，既可以

厨房是把食物变成能量的地方，同样也将生活变得和谐。

How to Decorate **Your House**　233

在厨房，我们营造了生活的一大部分，为家人创造着活力。

保持平衡，又可以适应现代厨房，进而不会影响我们从中得到能量、活力和健康。

厨房所包含的元素

●微波炉。微波炉由于自身的电磁场，会对食物有些不利的影响。从风水学的角度来看，我们应该完全地拒绝使用它。

●灯。自然光线最为理想。用灯光来照亮那些昏暗的地方，给予光线的补偿，这样气就不会淤滞了。越多的阳光照射进厨房，环境就越活跃。

●地板。推荐仿木质的地板，安装起来很容易。另外，它和木材地板有着相同的功效：温暖、实用、耐久，方便进行彻底的清洁。

●花和器皿。盛放水果或其他新鲜食品的容器会加强健康的气流，花的作用也是如此。

●家具。木制表面的操作台对于准备食物来说是最为理想的。不锈钢的或者陶瓷制的可以增加阳刚之感，但是如果在厨房停留时间过长，这类家具也会产生一些不良的问题。乙烯陶瓷和复合板的家具，对气具有锁定作用。

厨房的颜色

为了提高厨房能量的质量，我们会选择一些色调温暖的颜色，比如，亮绿色、橙黄色和黄色，间或搭配一些比较刺眼的色彩，就可以创建一个很舒适、让人充满兴致的厨房。

房间的布局

● 木材对于操作台来讲是很理想的外观材料。钢材和陶瓷是最阳性的，混合材料薄板会锁住阴性能量。

How to Decorate **Your House**　235

我们在宽敞、明亮的厨房里面吃早餐，然后开始富有活力的新的一天。

厨房的方位

　　厨房最有利的位置是房间中心的"岛"，最不利的位置，就是上面提到的门的后面。在那里，你可以通过厨房看到房间里的状况，就像通过一扇门或者一扇窗那样。在做饭的时候，你也可以随意调整位置，朝向你认为对你有利的方向。这样，厨房面对着其他房间，你就不会有隔离感，在为家人和朋友煮东西时，还可以和他们交流。

房间的布局

合并的厨房

现代建筑习惯将客厅和厨房中间的隔断取消,将两个房间合为一个打通的房间,从而让装修外观更加实际,空间利用较为合理。这样,人们在厨房煮饭时,还可以参加客厅里的活动,而他们做饭的全部过程,也都可以由客厅里的人全程陪伴。

如果厨房离客厅较远,到了做饭的时候会让人不情愿孤独地一个人走进厨房,所以,人们可能会很随便地吃一些冰箱里储存的食物。这对健康是很不利的。这种合并式的厨房可以让我们更有做饭的兴致。这种情况下,最重要的就是炉灶的方位,以让做饭的人看到客厅为宜。

平静、和谐的生活有助于集气,以备不时之需。

How to Decorate Your House　237

卫生间

卫生间是相对现代的区域，因为古代住宅中并不设置这样的一块空间。卫生间的主要功能是清洁、排便、除去污秽，甚至还被认为有混和两种相克能量的功能。

住宅在建设伊始，就意在保护住户不受风、雨、阳光、热量、动物伤害。在住宅之内，人们开展自己的生活活动，并且通过休息、食品、家庭关系来激发各种各样的生命过程，而不是让污秽的能量肆意流动。由于这个原因，过去，人们会保留一块在村子或住宅以外的公共区域，叫做"公厕"。但是在现代社会，住宅中都设计了卫生间。在有卫生间的住宅中，要使卫生间尽可能远离厨房，这样就不会让两种能量相互混合，也不会让卫生间的气味进入厨房。

另外，让卫生间远离住宅的主门口。如果卫生间恰好在那里，会让进入者一目了然。无论如何，都不要让卫生间在风口或者"被幸运祝福"的地方，因为这些积极的能量会被从下水道流出的水带走。

房间的布局

我们可以从我们家中吸收水的治愈属性。

How to Decorate **Your House**

同时，也不建议将卫生间建在住宅的中心位置，因为废水和污秽会对住户产生很不利的影响。

如果我们的卫生间恰恰就在门口，且没有办法更改，我们应该保持卫生间的门是被关上的，并且不要让外人知道这是一个卫生间。这样，客人们到来的时候就不会认出它来。如果洗手间恰在风口处，我们应认真地对它进行清洁，保持干净，也可以更换更好的卫浴设备。

另外，应保证卫生间通风通气，以减缓潮湿带来的不便和能量淤滞的危险。每天都要开窗，让新鲜的空气能够进入。

卫生间的排水系统

水是我们日常生活中的必需品，用过之后，我们会用排水系统将其排出。应该特别注意卫生间中排水系统的方位，一旦选择不佳，会对能量的流动产生不好的影响。如果排水管、洗衣机、淋浴在不良的方位，很可能会将住宅中有利的能量排走。稍差一些的方位包括正朝门的方位、楼梯附近的方位、餐厅和厨房的附近。

卧室中的卫生间

从健康的角度来看，不推荐住宅采用这种设计。卫生间打开门以后直接对着房间，下水道中不好的气味会弥漫整个卧室。在睡眠时，我们会呼吸由卫生间传出的气味，这对我们的健康有百害而无一利。长此以往，我们的健康状况一定是每况愈下。

另外一方面，卫生间里面有各种水管，用水的地方也很多，这无疑会让卧室变得很潮湿。比如，淋浴的蒸汽会通过卫生间蔓延到卧室当中。我们睡觉时呼吸过湿的空气，也是很不利的。没有任何正面的理由支持我们将卫生间迁到卧室当中来，所

房间的布局

● 尽管在现代建筑中,已经开始把卧室和卫生间结合在一起了,但是从气味和潮湿的角度来讲,这并不合适。

How to Decorate **Your House**

以，还是将卫生间置于卧室外面为好。

卫生间所包含的元素

●家具。放一些浅颜色或者迷你的小家具在卫生间当中，以备不时之需。物品的增多只能让环境更加潮湿，有可能造成能量的淤滞。

●灯。自然光永远是最好的。如果自然光无法达到要求，就该保持卫生间里有常开的灯以保证里面的亮度，特别是角落里的亮度。

●镜子。镜子在卫生间当中会产生积极的效果，可以创造更大的空间感，而绝大多数住宅中的卫生间都很狭小。

●马桶。马桶是最应该被注意的物品，一定要让它远离门口，以减少污秽物在住宅中其他位置的消极影响。如果空间充裕，就将它放在距门口较远、看不见的地方。从水龙头和淋浴中等渗出的水，会增加卫生间的排水力度，加大湿度，使气淤滞。如果卫生间十分狭小，没办法把马桶放置得离门口较远，就在马桶和门口之间放一个障碍物。其可以是艺术品，也可以是木制品，或者仅仅是简单的悬挂在天花板上的水晶挂帘。

●地板。卫生间地板的材料很重要，会严重影响卫生间里的能量流动。不同的材料会产生极为不同的结果。最理想的地板

房间的布局

如果我们在浴室度过的时间比较长,最好将它变得可爱而友好。

用于身体的卫生洁具要严格的取材于自然,因为皮肤会吸收贴近它的任何物质。

材料仍然是木材,但是为了让木制地板免于潮气的侵蚀,我们可以用合成木地板。其能量效果虽然不及真的木地板,但考虑到我们在卫生间中停留的时间不是很长,这种材料还是利大于弊的。

How to Decorate **Your House** 243

家庭办公室

在家中办公，就可以和自己熟悉的生活融为一体。这样，只要你适合这个环境，那么这个环境对于你就是有利的。

推动计划、事业、创造力、名声和财富的能量，如果在地平面上底层的某个位置得到刺激，它的推动效果会发挥得更好。

如果我们住在一套有一定高度的套间内，比如五楼，能够影响到我们的地表的能量就微乎其微，实现我们的计划，并用我们的计划创造产值就有些困难。如果我们的商务地点的楼层较低，更加贴近于地面，我们就能够全神贯注于我们的活动，一切都会变得顺利和颇有成就。

在住宅中工作会降低效率，这是不适于在家办公的一个方面。住宅是我们和家人一起生活的地方，对于我们的公务来讲，这种环境可能并不适合，会降低我们工作的成果。比如，医生将他的诊所安置在家中，诊所会不断地吸引外部能量，这样就破坏了家中的和谐环境和氛围。

另一方面，住宅中用来进行家庭生活活动的区域缺乏商务氛围，这会阻碍事业的繁荣昌盛。

从风水的角度来看，应该给每一样事物以不同的空间和不同的能量。家居和办公这两种能量混合起来，会使彼此都被削弱。

尽管在家中办公有着这样或者那样的弊病，我们仍然可以在家中确定一个公有的活动范围，作为整个家庭的办公区。这样，家人就都能够在那里展开创造性活动了。

如果没有任何的空间专门用于这种活动，那么餐厅的大桌子也可以满足需要。重要的是这个地方的位置，应保证其宽敞以及与能量特点相符。也就是说，能够满足既作餐桌又作办公桌的条件。

如果因为这个地方的能量的确很适于办公而使用它的话，接下来就该考虑一下餐厅的电器设备。最好把电器设备放在有轮子的家具上面，这样，当我们需要把餐厅作为办工区的时候，就很方便把这些电器设备移走。

房间的布局

家庭办公室所需要的用品

●落地灯。可以将灯光向上照射,如果需要的话,也可以让一束柔光向下倾泻。

●转椅。最好是用办公室里的那种五脚转椅,在转椅上放一个暖色的或者有柔和的花朵图案花纹、勾边或者印度风格的亮片。

有一些工作要求我们在一个地方停留很长时间,并且有些时候是独自一人,因而人们经常会感到很乏味,感觉像噩梦一般。我们应该努力找到解决这种状态的方法,或者干脆就另换一个更有趣的地方。

●较高的植物。在桌边用此种植物进行装饰，有利于清除电器设备所留下的不良影响。

●电脑。如果在家中工作，应该用液晶屏幕电脑。如果只能用CRT显示器，一定要在屏幕前加上防辐射的玻璃。手提电脑比台式机要理想，因为平时不用的时候可以很方便地把电脑放在柜子里。

有一些职业可以在家中开展，对这些工作来说，并不需要转换空间。我们可以在餐桌或者厨房工作，在沙发上或者床上工作……最重要的是我们所处的地方能够激发创造力。

房间的布局

● **小贴士　工作区**

根据风水学原理，为了不减少住宅中的有利于我们健康的能量，不减弱住宅对我们的保护作用，不破坏运势，不影响财运，不建议在住宅建立工作区、公办室、工作室或者诊所等办公空间。这些办公空间会影响住宅产生良好生活质量的能力。

在家庭中工作的确比较舒服，但是这并不能成为在家中设立工作区的理由。

如果感觉在家中工作效率比较高，那可以在家中随便哪个位置开始工作，但是单独为这个目的创建一个在住宅中的办公室就没有必要了。

●**客厅：**客厅是住宅中最适合工作的区域了，用来就餐的大桌子旁是比较理想的位置。如果在工作中需要使用电脑，却又没有笔记本电脑，我们可以将打印机、电脑和其他周边设备放在可以移动的电脑桌上。这样，工作时我们可以把这个电脑桌移到餐桌旁边，用餐时又能把这个电脑桌移走。

●**卧室：**很多人喜欢在卧室里面工作，但是在卧室中不该放置像公办室里一样的桌子。只用一张小的写字几，或者直接在床上，就能够进行思考、写作、组织材料、制定计划，然后我们再把这些工作成果在其他地方处理掉。

●**厨房：**在厨房，我们可以拥有更明亮的环境、更宽大的桌子，但是注意不要离炉灶太近。慢慢地，你会发现你喜欢上了在厨房办公。办公时我们会携带我们所需要的电脑、书、文件等物品，但是请注意，即使携带的东西较多，也不要移动厨房中的设施。

改装型住宅

这种住房是由工厂的厂房、高层建筑的阁楼、地下室、大型工作室等改装而来的，是现代社会的一种新式住房。它是一种新的概念，有利有弊。好处是，可以有更加宽敞的空间和更高的天花板。在很多情况下，这种住宅都位于地面上的第一层。主要的弊端是：这些商业用房大多比较老旧，且处于工业区或者商业区，缺乏适合于住宅的环境，所以生活中的必要服务相对匮乏。

这种新概念的住宅打破了传统的布局标准，房屋内通常只有一个大的房间和一个卫生间。

现在在纽约，此类住房还是比较时尚的。起初是由一些画家等艺术家占据，被用作工作室。后来，人们开始选择这类房子作为住宅，开始装修它们。现在，在世界各地

- 在英国，那些改建过的住宅像是我们古代住房的阁楼或者天窗。现在，任何可独立的空间都可以应用这个名字。

房间的布局

都已经十分流行了,并且变成了各种各样、风格迥异的住宅。

在这种空间中,能量可以很容易地进行流动,甚至会过分地流动。问题就是怎样控制住能量,不让它肆意妄为。一旦可以将能量控制住,我们就可以创建各种我们想要的空间了。

卧室需要一种亲密、放松的环境。所以,应该选择我们觉得更有利,且能量流量并不剧烈的位置来安置床,然后用帘布或者木制大家具将卧室与其他区域分隔开来。如果希望更加隐密一些,可以用帆布垂帘或者屏风加以隔离。

卫生间是改装住房唯一需要从头建设并隔离开的空间。要根据排水管道的位置来选择卫生间的位置。

厨房、客厅、餐厅和工作区可以混在一个区域,这种布局就像电视剧《奋斗》中描述的那样。

厨房可以是简单的一个L型的木制操作台,在台子下部有相应的抽屉,一边靠墙,这样就能和空间里的其他部分区分开来。

餐厅其实就是那张大餐桌所在的位置,我们可以在这张大餐桌旁就餐、工作、开家庭会议、接待朋友等。这张桌子应该有以下几个特点:就像之前我们提到过的,要坚固、耐用,具有适量的艺术装饰,涂以清漆,在不影响搭配的情况下,越大越好。

在桌子的周围可以有一些符合人体工程学设计的椅子,带有扶手,用色彩鲜艳明快的布蒙起,比如浅绿、黄色、橙黄、红色、暗红色。也可以放一两张工作用的椅子,就是那种五支脚的转椅。

电器设备可以放在有轮子的桌子上,用的时候推出来,不用的时候就推远,以防止电器设备的不良影响。

在整个大空间的另一头,我们可以在地毯上安置沙发或者摇椅,之所以应用地毯,是因为它可以防滑,以增加沙发和摇椅的稳定性。也可以将沙发换作沙发床,这样如果有客人留宿,可以睡在上面。

电视就放在一个居中的位置,从沙发和桌子处都能够看到就可以了。

在桌子周围,安放一些橡胶类植物,构成屏障,把桌子和沙发区域分开。

● **小贴士　商务区**

商务区所依据的标准与住宅基本是一样的，只是有一些色调上的不同。

商务区和住宅区在侧重点上有一定的区别，但是目的都是保持身体、思想的健康和舒适。我们应该意识到，这些不同的地方是为了让商务进行得更加顺利。

太高的空间结构对商务区来说并不是必需的，因为过高的楼层会脱离地面母性能量的滋养。由于这个原因，在较高的区域是很难谈成生意并获得盈利的。

处于地面的空间对于做生意来讲，是比较理想的。

所处的街道

与街道相关的风水理论对于拓展生意来讲非常有用。但是在选择街道前一定要对城中的各个地界有相当的了解，然后才能选择风水最好的地方。

正门

正门应该结合一些更为具体的特点，要符合市场的运势。

可见度

从街道看建筑的角度、从建筑内部向外看的角度和入门的角度，是最重要的三个角度，应从此处突破。

内部布局

内部的布局会因经营业务的不同而不同，但是布局的标准是相同的：其一，空间要尽量开放；其二，空间要用薄墙隔开。

工作环境

要保证所有在商务区工作的人都处于一个最好的工作环境当中。站，则要站得舒服；坐，要坐得爽快。另外，要注意在商务空间中各种柱子所带来的不利影响。

和住宅相同，在商务区中也要保证能量能够顺利流动，特别是在两扇门之间，或者门与窗之间。能量的淤滞会造成精神的分散或下意识里的压力，这是处于商务区的人应极力避免的。所以，用高大的植物、文件柜、屏风、围幕进行适当的保护是必要的。

可控制区域

在可控制区域，我们可以控制我们的全部工

房间的布局

作,肩负起责任,集中精力,和团队中其他人的关系趋于完美,工作上没有太大压力,因为一切都尽在掌控之中。这种位置对于商业活动是最具价值的,公司的领导或者高管应该占据这个位置。无论在何种区域都有有利于统治的绝佳位置,只是对于下属来讲,意义并不是很明显。

应该不惜一切代价地拒绝一个危险位置,因为处于危险方位的人极易受制于人。

展示区

对于展示区来讲,它的属性特质就和商务区域有着根本上的区别了。在商务区,空间要保持封闭,因为工作需要一个安静而稳定的环境。而在公共区域的时候,我们首先要知道,未来的客户会来到我们的环境当中。如果我们的展示区做得好,他们就会享受一个良好的环境,这些会吸引他们购买我们的商品。根据风水学的原理,通常也符合心理学上的特征,通过对空间的布局,展示区应该有招徕客户的能力。

不对公众开放的区域

每个公司都有不会对外界开放的地方,比如工作间、会议室、接见室等等。这些区域总体一定要保持和谐,这样就有利于实现计划,把事情做好、趋于完美。

总结

　　通常，我们想在住宅中应用我们所读到的所有风水学理论，但是，这非常之难。即使我们做到了，也不一定有多少效果。这是由于我们过于缺乏实践，以及缺乏实际掌控这些概念理论和解释这些理论的经验。通过实践，我们可以一步步地去揭示这些理论，更熟练地应用这些理论。当这一切都了然于胸，你就会明了。

　　把我们学习的这些风水学的哲学理论当作绝对正确的真理，这是完全错误的。事实上，这些概念是鲜活的，是经常变化的，与时机相关，我们不可能在不同的情况下应用同样的处理方式。

　　很可能，那些变化的提议或者改善方案看起来非常完美，在我们自己身上却完全不适用，这种情况是完全存在的。因为在提出方案之前，我们可能并没有了解问题的本质，了解的只是问题的表象。由于这个原因，我们应该对问题具体地进行诊断，然后再给出解决方法。解决方法也不是随便就可以应用的，提出的方案一定要和运用的地点、空间、人、情势等相符合。

　　学习这些风水学的哲学概念时，我们应习惯理解它们，也就是说，我们要把对风水学的理解作为最基础的要求，然后把它合理化，最后再和我们自己的文化融为一体。相反的，如果我们只有像两岁孩童那样的领会能力，那么在任何时候都不可能理解它。当我们观察到水的时候，我们有一种关于水和水承载的含义的直觉反应，但这是种理解，并不属于合理化过程的反应。

　　很多时候，我们是和精细的能量相处在一起的。尽管它们不可见，甚至对于一些人来说是不可理解的，但是，将它们调和起来为我们所用仍然是十分重要的。在能量的世界中，能量从至稠到至稀，从至刚到至柔，从至阳到至阴。你靠近一种能量的同时，必定会疏远另一种能量。根据我们所处的档次和级别，我们将会对接受何种能量做好准备。

洛李·库勒托